教育学术论文写作导引

徐辉富 著

同济大学出版社
TONGJI UNIVERSITY PRESS
·上海·

图书在版编目(CIP)数据

教育学术论文写作导引 / 徐辉富著. —上海：同济大学出版社，2023.10

ISBN 978-7-5765-0758-4

Ⅰ. ①教… Ⅱ. ①徐… Ⅲ. ①教育学—论文—写作 Ⅳ. ①G4

中国国家版本馆CIP数据核字(2023)第177819号

教育学术论文写作导引

徐辉富 著

出品人 金英伟 责任编辑 尚来彬

责任校对 徐春莲 封面设计 陈益平

出版发行 同济大学出版社 www.tongjipress.com.cn

(地址：上海市四平路1239号 邮编：200092 电话：021-65985622)

经 销 全国各地新华书店、网络书店

排版制作 南京展望文化发展有限公司

印 刷 苏州市古得堡数码印刷有限公司

开 本 889mm × 1194mm 1/32

印 张 6.375

字 数 171 000

版 次 2023年10月第1版

印 次 2023年10月第1次印刷

书 号 ISBN 978-7-5765-0758-4

定 价 38.00元

前言

学术写作是一门技艺，对研究者而言尤其如此。

这种技艺常体现在两个方面：内容和形式。也就是说，在内容上让文章的观点变得更加鲜明、无懈可击，读者容易理解和掌握；在形式上让语言表达更加流畅准确，方便阅读。

要掌握这门技艺，研究者需要学习的技能很多。新手写作常碰到一些问题，比如从哪里选择研究课题？论文怎么谋篇布局？论文的论据怎么服务于论点？这些还只是其中的一小部分。

目前，我国高校仅少部分院校开设“学术写作”课程，而少数开设这门课程的院校，能真正专注于教授写作的也不多。多数情况下，它是被包含在类似“研究方法和写作”课程里捎带而过的。

这种状况导致的结果就是，学生学术写作能力总体偏弱，多靠模仿期刊或导师作品学习写作。有些学生即使到了博士生阶段甚至是从事博士后研究工作，学术写作能力也仍然不能令人满意。

于是，引导学生掌握常见的学术写作规范和技能，成了本书写作的最大动机，目的是希望能对学生学术写作有点滴启发和帮助，能比他们自己摸索或模仿报纸、杂志、导师作品等学习写作更有效。

学术写作有规范性，但它也是学术观点和思想的个人化表达，内容和形式常常变化不定，灵活性强，有时甚至可以用“文无定法”来描述。本书是在概括总结前人学术写作文本和其他学人学术写作要求的基础上提出的个人理解和认识，不带强制性和普适性，甚至可能和别人的写作“秘笈”相抵牾，所以仅供参考使用。

本书所用例子，以教育学方面为主，兼含其他学科，主要用于解释说明，不带其他意涵。

全书着重围绕期刊论文写作中本人稍微熟悉的方面展开，重点落在操作上，即怎么写和怎么写好。理论方面涉及不深、不多。

本书主要特点包括以下四点。

（1）内容以期刊论文写作方法和要求为主，具体研究方法、投稿及发表等相关事项涉及不多。

（2）实践性、实用性强，不纠缠于理论阐述，内容偏重操作，着重针对写作实践和存在问题展开。

（3）简明易懂。文字表述浅显通俗，力求人人都可读懂。

（4）问题导向。着重针对学术写作的常见问题展开，从问题中提出个人看法。

写作过程中，有个问题一直纠缠在脑际：关于论文写作的书已经不少，本书的初衷是希望读者阅后能获得点滴帮助，不知道本书能给读者带来什么不一样的收获?

本书能够顺利出版还要感谢各位领导、同事的支持，感谢同济大学出版社段存广先生、尚来彬编辑的帮助和指导，更感谢在天的父母，感谢我的大哥、大姐和小妹，他们给了我无条件的包容和鼓励。

目录

第一章　学术研究基础

一、理 解 学 术

“学术”一词，常被人挂在嘴边。但什么是学术？恐怕不是人人随口都能说清楚的。

《现代汉语词典》将“学术”一词界定为“有系统的、较专门的学问”[①]。这一界定有点让人困惑。从概念界定的“属差+上级种”的角度审视，这样学术就可以理解为学问了。这显然不合理。学术也可以是思考、辩论、研讨等活动，表现为延续的过程。而学术活动的结果可能产生学问，也可能不产生学问。因此，学问是作为活动含义的“学术”的结果，两者不能完全等同。把带有“活动”这一含义的学术等同于学问，就类似把怀孕等同于出生的婴儿一样了，显然不合理。

---

① 中国社会科学院语言研究所词典编辑室.现代汉语词典［M］. 7版. 北京：商务印书馆，2016：1489.

严复、梁启超及蔡元培等人曾将“学术”一词分为“学”和“术”来理解。如蔡元培说:“学为学理，术为应用。”“学必借术以应用，术必以学为基本，两者并进始可。”[①]

上述见解把事物之理及其的应用都视作为学术，显得过于宽泛。但事实上还是没有界定出什么是学术，只是区分了“学”和“术”的性质，即哪些属“学”，哪些属“术”，以及说明了“学”和“术”的关系。

从日常使用看，学术常用于学术研究、学术思想、学术文化、学术活动、学术论文、学术评价、学术价值、学术内涵、学术意义、学术理念、学术伦理、学术原创性等短语中，范围很广。

从“学术”一词实际使用的含义出发，我把“学术”一词界定为：一种探究新知的活动或过程。

按照这一界定，学者考自然之理，就是求得对自然的认识。学术活动，就是研讨和探究新知的活动。学术研究，就是探究新知的研究活动。学术文化，就是探究新知的文化。学术论文，就是探究新知的文章。学术评价，就是对探索新知活动的正确性、规范性（如采用方法、过程）以及所获新知的正确程度（研究结论等）的评价，等等。

这样看，把学术理解为探究新知的活动是可以说得通的。

---

① 蔡元培.提倡研究美学［M］//.陈栎宇.影响中国的经典演讲.呼伦贝尔：内蒙古文化出版社，2006：39.

本书也主要在这一意义上使用学术一词。这一含义再延伸一点可以说，它主要探究研究对象“是什么”“为什么”，包括探究研究对象来龙去脉，对象的内涵、性质、演变动力、基本原理。这种探究可以是跨越时空的，比如对古代人类社会活动的推测或对未来的预测，也可以是多方式的，如理性思考或观察、调查等，从中获得对研究对象的认知。爱因斯坦把他的研究活动解释为求真。他说：“照亮我前方道路的理想是善、美、真，它们不断使我充满生活的勇气，使我乐观面对人生。”[①]他的求“真”，其实也是求知，求得对外界世界的认识。

不过，我还是不太主张蔡元培等把“术”列入学术范畴的观点。理由是：“术”主要是关于“怎么办”的知识。“学”与“术”紧密相连。人们其实只要能清楚了解“学”，了解“是什么”“为什么”，“术”的“怎么办”，是可以依照情境而发挥主体能动性灵活应对的。

也许有人会说，这是不是说“怎么办”的知识不重要，不要研究了？我的答案：不是的。政府出台政策、制定规划前，当然需要讨论研究。这种研究就是“术”。只是说，它不属于严格的学术研究范围。中国知识分子遵从“学以致用”的传统，崇尚“经世济民”，所以常以“上折子”、献计献策、指点江山为己任，偏爱讨论“策略”“对策”。西方知识分子主张

---

① 阿尔伯特·爱因斯坦.我的思想与观念：爱因斯坦自选集［M］.张卜天，译.天津：天津人民出版社，2020：9.

“为学术而学术”，单纯追求知识。柏拉图说，探索哲理只是为脱出愚蠢。所以，西方的学术可能更着重于“学”。也就是说，他们为学求知而从事学术，有时不一定出于追求实用的目的。因此，这一理解可能更切合学术内涵本身。

二、学术是求知

（一）什么是知识

既然学术的目的是求知，知识是求知的结果，那么什么是知识、怎么才能获得知识、获得知识的来源和根据是什么等问题，就成为理解学术一词内涵的必要基础。

从历史来看，人类对知识的求索由来已久。波普尔不仅断言："全部西方科学都源于希腊人关于宇宙即世界秩序的哲学沉思。荷马、赫西奥德和前苏格拉底哲学家是所有科学家和所有哲学家的共同祖先。"[①]还应用进化论思想将知识的起源追溯到生命的起源，并指出："知识的起源和进化可以说是跟生命的起源和进化同步，并跟我们地球的起源和进化紧密地相连。"[②]古希腊德尔菲神庙镌刻着的“认识你自己”和孔子的名言——“学而时习之”“知之为知之”等，更清楚地确证了

---

① 卡尔·波普尔.通过知识获得解放［M］.范景中，陆丰川，李本正，译.北京：中国美术学院出版社，2014：162.

② 同①，第509页。

人类求知历史的久远。可以说，人类的发展史，就是一部求知史。

也许正因为历史的久远，今天人们讨论知识时，它实际上已成为一个内涵十分丰富、外延非常广阔的概念，有大众的理解，有哲学的理解，有学科教学的理解，等等。

第一种是大众的理解。大众对知识的理解大致可分为：① 人们在社会实践中所获得的认识和经验的总和；② 指学术、文化或学问。[①]这些观点把认识和经验都纳入知识，比较宽泛，事实上没有指出知识的真正内涵。

第二种是哲学的理解。哲学对知识的探究相对深刻，也更能让人看清知识的本质。知识也确实是哲学研究的主题。知识论是哲学四大主题之一，着重探讨知识的本质、起源和范围。关于知识的哲学研究常称为认识论。

哲学对知识的探索起步很早。早期西方哲学研讨的主题，相当部分涉及的是人类的求知问题。比如，人能否认知？人如何认知？知识是怎么来的？获得的知识是否可靠？苏格拉底、柏拉图、休谟、培根、洛克、康德等是探讨这些问题的杰出代表。

柏拉图对知识的界定可能最为经典，影响深远，受到人们广泛的认可。美国哈佛大学怀特海教授也是界定知识的代表之一。他指出，正确的知识必须使用过，验证过，并在不同

---

① 见《现代汉语词典》2016年版，第1678页，“知识”词条。

的条件下都能成立[①]。维克福什说，哲学家公认，知识需要满足（至少）三个条件：信念、信念必须为真、信念必须以充分的证据为基础。[②]其源头应该也来自柏拉图。柏拉图的知识定义为："Knowledge is justified, true belief." 这一定义常被译为知识是真的、经过证实的、经过验证获得的信念。这种知识的古典概念意味着所知事物的真理和确定性，意味着我们有认为它正确的充分理由[③]。而一种广受人们认可的知识观是康德定义的，即知识是具有必然性的，否则就不能称作知识。康德认为，知识是建立在先天综合分析的基础上——分析具有必然性，建立在先天直观基础上的先天综合分析得出的知识，是必然的、无可置疑的。数学、几何、因果关系等知识都属于这种范畴。

但这种必然性的知识观（绝对真理）也受到了批评。"世上事物本没有什么绝对的普遍必然，那只是一种僵化观念。"[④]特别是爱因斯坦相对论和量子力学的发展，都说明康德当年认为普遍必然、一成不变、绝对实用的科学真理，很明显地只适用于一定的范围、条件及时期之内，只在这个限度内具有普遍

---

① 艾尔弗雷德·诺思·怀特海.教育的目的［M］.庄莲平，王立中，译.上海：文汇出版社，2012：2.

② 奥萨·维克福什.另类事实：知识及其敌人［M］.汪思涵，译.北京：中信出版社，2021：16.

③ 卡尔·波普尔.通过知识获得解放［M］.范景中，陆丰川，李本正，译.北京：中国美术学院出版社，2014：40.

④ 李泽厚.批判哲学的批判［M］.北京：生活·读书·新知三联书店，2007：92.

必然性。现代知识论特别是托马斯·库恩的范式革命理论、知识权力观等的发展，使得知识的绝对真理观点再次受到了严重挑战，知识甚至可以被看作一种社会约定。

哲学上影响较大的知识观还有“符合论”真理观[①]。这种观点把真理看成是命题与实在的符合关系，认为观念或陈述的真假在于它与客观实在是否相符，即只有当它们与客观实在相符合时才被称为是真的，即“如果一个理论或陈述的内容与现实相符，它就是正确的”[②]。反之，就是不正确的。主观认识如果不能正确反映事物及其运动规律的本来面目，那么就是假的[③]。“实践是真理的唯一标准”，反映了这种观点的本质。但是，客观事实有时是人为的、虚假的，因此这种知识观也不可靠。这种真理在哲学中被称为偶然真理，因为它对比的事实有偶然性，与理性取得的必然真理不同。

除了上述观点外，近代美国哲学家威廉·詹姆斯实用主义知识论和波普尔的证伪主义认识观也有较大影响。前者认为有用即真理[④]，后者认为“可以被证伪的才是科学”[⑤]。

教育技术学研究提出的联通主义知识论，即认为知识是

---

① 阎孟伟，夏莹，谢永康.哲学概论［M］.天津：南开大学出版社，2013.

② 卡尔·波普尔.通过知识获得解放［M］.范景中，陆丰川，李本正，译.北京：中国美术学院出版社，2014：11.

③ 卡尔·波普尔.波普尔说真理与谬误［M］.倪山川，编译.武汉：华中科技大学出版社，2018：9.

④ 同③，第6页。

⑤ 同③，第8页。

通过学习者在线相互联结观点的方式建构形成的。这种认识尽管名为知识观，但事实上只能算是一种宽泛认识论，它只是强调了知识的建构方式（通过网络）而已。

显然，上述知识观的探讨是狭义的，但也正是这种狭义知识观极大地推动了科学的进步和发展。然而，如果把知识的理解仅局限在这种狭义范围内，那也是有局限的。因为现实社会里人们对知识概念的理解宽泛得多，这种宽泛的知识理解事实上也深刻地影响着人们的认识和行为，因此本文把它们纳入探讨。

第三种是学科对知识的界定。很多学科从自身需要出发界定知识，着重为学科研究奠定根基。教育学、心理学表现得最明显。这两门学科因为与知识传授相关，常常需要针对不同知识采取不同的教法，所以这两门学科对知识性质的探讨相对细致。

心理学把个体与环境相互作用后获得的信息界定为知识。知识的习得，就是人们已有的知识经验与新知识相互作用的结果。认知心理学对知识探讨最细致。认知心理学认为，知识有广狭义之分。广义的知识分两类：陈述性知识和程序性知识。陈述性知识描述客观事物的特点及关系，包括三个层级：符号表征、概念、命题。程序性知识是一套操作步骤，着重关注“怎么办”。安德森主持认知目标修订工作时，将学习结果（知识）分为四种：事实、概念、程序和元认知[①]。可以看出，认

---

① 安德森.学习、教学和评估的分类学——布卢姆目标分类学修订版［M］.皮连生，译.上海；华东师范大学出版社，2008.

知心理学的知识分类，着重为教师教学提供指导，即根据学习结果或教学对象对知识加以分类。

知识还常被分为显性知识与隐性知识，用于区分人们可以用语言、文字和数字表述的知识，和那种人们知道但难以言传的知识。迈克尔·波兰尼认为，我们所知道的要比我们所能言传的多[①]。类似的认识和分类还有很多。

第四种是把规则作为知识。这种知识观在专业学习中较常见。比如，法学、会计学、金融学专业知识多为此类。法律学生掌握的法学知识，规定人们的行为规范，规定哪些行为属于犯罪行为，偷盗量刑多少等。学习者掌握这类知识后进入法官、律师等行业任职。金融学学生掌握金融交易规则，从事期货交易、买卖股票、兑换外汇等工作。法律、经济、金融知识实质是一种社会规则或规范，是人为规定或成员之间约定俗成的。熟悉这种规则（或规范）的人，就具备了该领域的专业知识，可以在该领域（金融、法律、财务）成为专家。

宗教习俗也是一种规则，也常被看作知识。人们常会被告知需要注意的种种宗教禁忌（如进入清真寺不能穿鞋，不许大声喧哗）。熟练掌握宗教禁忌的人，常被视为宗教问题专家。

第五种是把符合人们预期的猜想或推断作为知识。多数

---

① 迈克尔·波兰尼.个人知识［M］.许泽民，译.贵阳：贵州人民出版社，2000.

人会认为，猜想性的东西不宜作为知识。但是，科学常由假说或猜想构成，有的就以猜想为起点建立知识大厦。比如，宇宙大爆炸学说、生物进化论、人类史前史学说，等等，常被看作科学而纳入知识范畴。而同样带有猜测性质的算命算卦、看相等就被看作迷信，不被人们认可。所以，这种知识，在本质上是权威的问题[①]。

第六种知识是信息和常识。这种知识观的内涵更加宽泛。比如，世界经合组织把知识分为四类[②]：① 知道是什么的知识（know-what），指关于事实的知识；② 知道为什么的知识（know-why），指自然原理和规律方面的科学理论；③ 知道怎么做的知识（know-how），指做某事的技能和能力；④ 知道是谁的知识（know-who），涉及谁知道和谁知道如何做某些事的知识。人们常说的"知识就是力量""知识改变命运"中的"知识"，或者能记得别人难以记得的某一历史年代，或者了解世界某地的风土人情，甚至知晓某个生僻字的发音、含义、用法等也都被赞誉为"知识广博"。维克福什的知识观大概也是如此。比如，"斯德哥尔摩是瑞典的首都""奥巴马出生在美国"[③]也被当作知识。显然，这种知识观对知识的理解是更加

---

① 卡尔·波普尔.通过知识获得解放［M］.范景中，陆丰川，李本正，译.北京：中国美术学院出版社，2014：39.

② 经济合作与发展组织.以知识为基础的经济［M］.杨宏进，薛澜，译.北京：机械工业出版社，1997.

③ 奥萨·维克福什.另类事实：知识及其敌人［M］.汪思涵，译.北京：中信出版集团股份有限公司，2021：7.

宽泛的，但它也是知识含义的运用。

而且，对不同文化和社会而言，人们对知识含义的理解差异很大。一般来说，教育程度越高的社会或文化群体，定义知识越严格。在教育水平不高的乡野，稍受教育的人就可被尊称为知识分子。一个例子就是，鲁迅笔下的孔乙己也是有知识的，至少他本人的认识就是如此。

上面的梳理显然是不全面的，比如知识还被分为经验形态的知识和原理形态的知识[①]、命题知识（knowledge-that）和技能知识（know-how）、显性知识和隐性知识（又称缄默知识、默会知识）、直接知识和间接知识等。这些分类足以表明，知识概念相当复杂。

就上述六种知识观来说，真正界定知识内涵的是前面两种。后面教育学、心理学的知识内涵，更多的是对知识性质的分析；把规则作为知识是一种人为规定，这种知识可以作为人文知识，但不属于科学知识；最后一种知识是将信息当作知识了。在这种对知识多样化的理解中，给出“放之四海而皆准”的标准定义显然比较困难。哲学家金岳霖的《知识论》也未直接给出知识的定义，只是指出：“知识论既以知识为对象，最重要的问题当然是知识究竟是什么。可是，对于这一问题我们现在无从答复。”[②]

---

① 韩震.知识形态演进的历史逻辑［J］.北京：中国社会科学，2021（6）：76–78.

② 金岳霖.知识论［M］.北京：中国人民大学出版社，2010.

由此可以看出，在复杂的知识认知差异中，什么是知识，不仅与知识本身的属性有关，其实还与人们对知识的认知有关。

在一些期刊中，人们对学术的认识也有差异。有些期刊把个人经验、个人见解稍加处理，也作为学术研究论文发表。也就是说，有些期刊混淆了经验与知识的差别，把经验也当作知识，这显然不是很合适的。

对于学术研究而言，知识的内涵是什么，该秉持或倡导哪种知识观，这些都是非常重要且亟须解答的基础问题。

综合上述各类对知识的认识可以看出，柏拉图和康德的知识观，是最基本的，也是最严格的。也就是说，知识应是可以证实或有必然性的。

但是，仅仅用这种知识观来指导人文社会科学研究可能还不够。社会学专业论文通常有两类：学术研究与政策研究①。人文社会科学强调生产新思想、新观点、新的设计或模型等。理论争鸣、理论探讨、发展战略、政策分析、哲学思辨等研究比重很高。这些研究结果可能很难纳入柏拉图或康德意义上的知识类别，它们一时或暂时难以接受检验。但是，要把这些研究排除在学术研究之外，也不现实。比如，对古代史的解释，对未来的预测，这些研究显然是值得探究的，但要对其加以检验，又是一时难以做到的。以色列学者尤瓦尔·赫拉利写的《人类简史》《未来简史》等，风靡全球，但是人类社会是不是

---

① 张静.社会学论文写作指南［M］.上海：上海人民出版社，2018：9.

如其所说的那样，恐怕不是一时能够证实的。

总的来说，学术研究还缺乏简单裁断的准则，所以学术研究的结果是不是知识、能不能被看作知识，考验的是研究者的能力和眼光。按照波普尔的理解，学术是随着研究范式的改变而变化的，并非确定不变的。一个范式首先支配的不是一个主题，而是一群研究者[①]。而且，有些学术研究与空谈之间很可能仅仅是一步之遥。

（二）谨防几种认识

1. 把经验当作知识

有些研究者常常把经验当作知识。经验大都来自实践，知识常脱胎于经验，但经验不能等同于知识。经验是个别的、局部的。比如，某校办学质量闻名遐迩，秘诀在于形成一套有效的办学思路。这种办学思路其实就是经验，不能被当作知识，因为这些做法也许仅适用于这所学校，其他学校如果效仿，成效也许就会大打折扣。把这样局部的、个别的经验作为知识，就可能降低知识的门槛。

但真理常蕴含在个别经验之中，个别经验也常是真理的外在显现，这也是事实。

将经验加以综合、归纳并提炼，把它变成可靠的知识来

---

① 托马斯·库恩.科学革命的结构［M］.张卜天，译.北京：北京大学出版社，2022：241.

源，需要依赖一套可靠的研究设计、方法和举措。

学术刊物把经验作为知识，会误导读者，降低知识的门槛，也会让自身降格为经验交流之场所。

2. 把意见当作真理

知识还需要与意见（或臆断）区分开来。“凡建筑在意见上面的东西，则只有变化而无增加。”[①]如何区分意见和知识，是一道难题。有些意见是洞见、是远见卓识。有些意见可能仅是作者的一时感慨。从研究上说，两者的区分主要依赖于证据。近年兴起的基于证据的研究或决策，是避免把意见混入知识的有效主张之一。苏格拉底说:“没有根据不能算是知识。”[②]缺乏证据的支撑，个人意见只可能作为一种意见或主观臆断。臆断只是凭借知识经验作出判断，具有偶然性。

但事实上，个人意见被当作知识的现象并不少见。所以，有人批评指出，当下学术界存在的普遍大问题是“意见”和“真理”（即知识）不分，即把意见当真理。这种现象在人文社会学科研究中尤为突出。

比如，不少研究的落脚点在于对策（或策略）。文章取名为《×××对策研究》，或者《×××策略研究》。这类研究的结论大多只能算是意见，不能算知识。它的问题是把简单的操作研究当作学术研究。但这种现象在很多新手那里是很常见的，

---

① 培根.新工具［M］.许宝骙，译.北京：商务印书馆，2016：56.
② 柏拉图.会饮篇［M］.王太庆，译.北京：商务印书馆，2013.

因为他们常模仿或学习一些期刊作研究。很多期刊常把意见当作知识，误导了新手，也让自己的“身板”发生了“倾斜”。

3. 把研究当作宣传

个别管理人员误把研究当作宣传，他们常常用口头禅“要多多宣传我们（单位）”来叮嘱研究人员。

实际上，研究和宣传是两回事。研究是提出问题，并寻找答案，目的是求真求知。而宣传不管对错，目的是让别人知晓并相信，进而形成认同，取得共识，通过观念把人组织起来，进而加以操纵。潘光旦[①]说：“宣传用的方式显而易见是灌输，而不是启发。它把宣传者所认为重要的见解理论，编成表面上很现成的，很简洁了当的一套说法，希望听众或读者全盘接受下来，不怀疑，不发问，不辩难。”

把某一政策作为研究对象时，一不小心就变成了宣传，目的也变成让大众对某一政策广为知晓，而不是探求政策本身合理与否（如政策评论），这种政策解读是为政策推广及实施提供便利。

把研究当宣传，在写作、选题、立场上就会出现明显偏差。比如，围绕当下某个中心任务进行选题，往往会显得浮夸、张扬，而不是讨论并弄清中心任务本身的是非曲直。

进一步来说，研究是对事物属性的认知，是对研究对象的质疑和反思。不对研究对象做任何质疑就认定研究对象是正

---

① 潘光旦.宣传不是教育·潘光旦卷（中国近代思想家文库）[M].北京：中国人民大学出版社，2015.

确的，进而加以解释并使之合理化，那就是宣传。

宣传随处可见，从计划生育、保护环境、防火防盗到新闻报道等，再到各种消费广告、书评推广、新闻广告（又称软广告），应有尽有。它的作用是让人们在无意中将某种思想理念、价值观内化到内心里去，进而操控及左右人们的思想和行为。

三、知识生产的路线与范式

前面说了，研究的目的是生产知识、获取知识，那么该怎样生产知识？怎样获得的知识才能得到认可？这主要与研究者采用的认识路线和研究范式有关。

（一）认识路线

人们总是努力探索自己面对的世界（包括自然界、人自身和社会），探讨它们是如何运转的，探讨如何获得可靠、真正的知识。很多先哲是其中的先行者。多数人把人的认识路径概括为两条路线：理性主义和经验主义。理性主义本质上把人的理性作为知识的来源，它是启蒙运动的哲学基础。经验主义认为人类知识源于感觉知觉，主张人类的感官是获得认识的可靠来源。洛克是其中的代表。洛克说："我们的一切知识都是建立在经验之上的，而且归根结底是源于经验。"心灵就像白板，心灵中的一切知识来自对事物进行观察而获得的感性经验。理性主义的代表人物有苏格拉底、柏拉图、亚里士多德、笛卡尔等，经验主义的代表人物有大卫·休谟、约翰·洛克、乔治·贝克莱、霍布斯等。

其间，康德试图将两种认识路线折中，提出先天综合判断，将先天的理性和后天的经验合二为一，划出理性的边界，也为经验提供必然。胡塞尔的现象学再次回到笛卡尔的"怀疑一切"，即怀疑对信息进行加工的"主体"——人，主张回到事实本身，从"事物本身"中经过悬置、还原，彻底获得对事物的本质认识。

与上述两条认识路线不同的，是实践认识论。马克思主义认识论吸收了理性主义和经验主义的精华，并糅合了黑格尔的辩证法，形成了实践认识论。马克思主义实践认识论强调人的本质是一切社会关系的总和。在认识论上，它不否认认识来自感觉经验，但又否认认识仅仅是感觉经验的综合，强调人的能动作用，尤其是人的实践的重要作用，强调人的实践是认识的源泉和归宿，实践是认识发生的现实基础。毛泽东在《实践论》中指出："人的认识，主要地依赖于物质的生产活动，逐渐地了解自然的现象、自然的性质、自然的规律性、人和自然的关系；而且经过生产活动，也在各种不同程度上逐渐地认识了人和人的一定的相互关系。"[①]实践认识论强调真理的标准只能是社会的实践。实践的观点是辩证唯物论的认识论之第一

① 毛泽东.毛泽东选集·第一卷［M］.北京：人民出版社，1991：282-283.

的和基本的观点。“只有人们的社会实践，才是人们对于外界认识的真理性的标准。”

“实践—认识—再实践—再认识”是实践认识论①的基本模式。实践是认识的起点和归宿。人们从实践中获得认识，然后这种认识又应用于实践，人们在实践中又修正获得新的认识，从而形成认识的循环历程。从实际出发，实事求是，是马克思主义实践论的核心。

三条认识路线常常在研究实践中交叉纠缠在一起。但它们在不同的学术话语情境下，研究对象往往不同。马克思主义实践认识论相对来说更符合实际。

（二）研究范式

社会科学的研究范式（paradigm）很多，学科间差异也比较明显。比如，历史学、人类学可能解释学用得多。一般来说，常用的研究范式有科学主义研究范式、人文主义研究范式等，前者强调自然科学的因果关系和价值中立原则，后者强调人的价值。科学主义研究范式对心理学、教育学影响巨大。20世纪二三十年代，教育科学化运动受此影响深重。其他范式还有定量范式、定性范式、混合范式②，以及实证主义范式、结构主义范式、解释主义范式、解构主义范式、批判主义研究范

---

① 实践认识论与陶行知主张的“行是知之始，知是行之成”类似，强调经验中学习，与王阳明主张的“知是行之始，行是知之成”观点不一。

② 林聚任.社会科学研究方法［M］.济南：山东人民出版社，2017：19.

式等。近年随着信息技术的发展、大数据的普及，开始出现一种新的研究范式：基于数据科学的大数据研究。这种范式认为："随着每一部机器的设计，人的精神（不是绝对精神）都把自己的一小部分外化为（技术的）自然，电子计算机把人的整个精神结构外化为自然，同时也使人的精神能用自己的这种外化的技术行为方式来研究自己。"①

按照库恩的说法，研究范式是研究共同体进行科学研究时所遵循的模式与框架，主要包括研究方法、方法论、研究对象的设定及研究程序、实验手段、仪器等组成的操作性规范。他指出，我们很多时候都是在两种不同的意义上使用"范式"一词。"一方面，它代表某个共同体的成员所共有的整个信念、价值、技巧等；另一方面，它又意指那个整体中的一类要素，即具体的谜题解答，把它们用作典范或范例，可以取代明确的规则作为解决常规科学其余谜题的基础。"②它由各种类型的信念和做法组成。研究范式是变化的，库恩用研究范式的变化，解释科学的发展变化历程，也就是知识观的变化历程。

比如，教育学科的研究范式早年大致分哲学思辨范式和实证研究范式。实证主义曾经代表着科学，是科学主义引导下出现的。中心论点是：事实必须通过观察或感觉经验，认识

---

① 米加宁，章昌平，李大宇，等.第四研究范式：大数据驱动的社会科学研究转型［J］.学海，2018（2）：11-27.

② 托马斯·库恩.科学革命的结构［M］.张卜天，译.北京：北京大学出版社，2022：236.

人身处的客观环境和外在事物。它的结论是可以通过经验或逻辑的方式证明，可以“眼见为实”的。中文取名“实证”的含义，可以简单理解为：是可以“证明”的。“实证”指的就是用实际操作去验证①。2000年前后，随着质的研究范式的推广和普及，实证主义范式的内涵开始扩展，“实证”的含义也开始失去了原初的“实际证实”的意思，逐步向“经验材料”的含义转变。而内容分析方法使用数据统计分析，应属“量”的研究，不能“证明”结论与现实的一致。但它也属实证主义研究范式。扎根理论方法以研究为中介，它得出的见解或结论的实质是研究者对研究对象的解释说明，而不是“证实”结论与材料之间的一致。因此，当下实证主义研究范式的含义已经蜕变，分化为量的研究和质的研究。

以教育学为例，目前，教育学科的研究范式大致是三种：哲学思辨研究（含批判理论、解释学等）、质的研究和量的研究。很多教师也尝试采用不同研究范式开展探究。其中，哲学思辨研究比较偏向理性主义认识路线。质的研究和量的研究是理性主义和经验主义的结合，主张研究要基于证据之上，即这些研究需要有经验和证据的支撑。这些证据可以是访谈的、调查的、观察的、测量的，也可以是网络数据，等等。其中，质的研究形式以人为工具，以理解为基础，在此基础上通过悬

---

① 波普尔.波普尔说真理与谬误［M］.倪山川，编译.武汉：华中科技大学出版社，2018：6.

置、还原等办法进行归纳。“质的研究主要在于认识事物本身”并往往采用扎根理论建构新的理论，它的理论基础主要来自现象学。量的研究主要基于数据，借助数据统计技术得出结论。

几种研究范式可以分开使用，也可以混合使用。哲学研究可以独立使用，有时又需要质的或量的研究加以支撑。质的研究（表1-1）和量的研究也难离开哲学思辨研究。哲学思辨研究能为量的研究分析提供洞见，避免粗浅、表面，缺乏深度。

表1-1　质的研究方法比较①

序号	方　法	研　究　问　题
1	案例研究	这一特殊的实体（现象、人物、场景）有什么特征？
2	人种学	在自然的情景下，这一群体的文化模式和观点是什么？
3	扎根理论	某一现象的理论是如何在某一特殊的情景下归纳产生的？
4	符号交互理论（语义分析）	人们是如何通过与他人的交互建构意义和共享观点的？
5	行动研究	问题如何才能得到适当的解决？
6	解释学	文本的意义是什么？

① 徐辉富.教育现象学及其研究步骤［J］.开放教育研究，2008（2）：32-39.

从期刊发文看，同期文章里，可能各种研究范式都有。不同期刊倡导的研究范式也各有侧重。如教育理论刊物中思辨研究范式显然占主流。部分期刊以量的研究居多，间有少量论文采用质的研究范式。

哲学思辨文章常被认为思想深刻，读起来有“嚼”劲，较受学人推崇。作者也以擅长写哲学思辨论文而自傲。实证研究（量的和质的研究）总体而言显得羸弱，挨批时候多，享尊荣一刻少，常被称为“洋八股”，并往往因其肤浅、缺乏深度、思想性不强等为人所诟病，有些作者也不屑于开展实证研究。

哲学研究范式其实也饱受异议。哲学思辨有时变为作者的主观演绎，大量堆砌“应该”“必然”“肯定”“无疑”等词语，把它们作为逻辑推理的工具。有的作者还用“综上所述”“概而言之”等作为推理词，进而得出自己臆想的结论，而对其他资料视而不见。由于这些弊端，哲学研究范式的学术研究也常被诟病为口水战，“公说公有理，婆说婆有理”，结论难以令人信服。有的甚至变相为某些庸俗见解或政策做解释、辩护及宣传，失去研究求真的本质。

出现这样现状的原因是复杂的。国内社会科学哲学思辨传统未曾经历实证研究文化的洗礼，作者们求学时深受传统哲学思辨的“耳濡目染”，缺少高质量实证范式研究范本……都是其中的重要缘由。

从发展趋势看，好的研究常常表现为多种研究范式的结合。比如，推理论证倡导有经验材料的支持，而不是纯粹的逻辑演绎。研究结论要基于经验材料支撑，做基于证据的研究（也叫循证研究），旁征博引且有深刻、经过审思的哲学分析，既令人信服又思想深刻。

实证研究范式当然不是天然地代表着肤浅。事实上，很多优秀研究成果，大都源自实证研究，比如，涂尔干的《自杀论》，鲁思·本尼迪克特的《菊与刀》，西奥多·W.舒尔茨对人力资本的研究，都是其中的经典力作。人们指责实证研究的肤浅，很多时候只是缘于有些研究者自身掌握和应用实证研究工具不当。

比如，很多研究在选题、研究工具选用、研究过程、数据处理和分析、研究结论和论证等方面存在瑕疵，或不够严谨和规范，或对统计数据解释不当等。这些都会使得后续的研究结论和研究结果难以让人信服，进而波及人们对整个实证研究的信任。

四、选用研究类型

人们从不同角度区分了研究类型。

（一）从研究深度方面划分

依照研究深度，研究类型常被分为以下三类：一是探索性研究，二是描述性研究，三是解释性研究。三者的研究深度依次推进，由现象本身的介绍转向现象背后原因的探讨。

探索性研究是比较初步的，是对某一新现象或新事实的初步探讨，可能只是对研究对象的一般表述。描述性研究不仅是对探索性研究对象（新现象或新事实）的认可，而且是这些现象或事实特征的勾画和分析，比探索性研究更深入。解释性研究是探索某种假设与条件因素之间的相关或因果关系，即在认识到现象是什么以及其状况怎样的基础上，进一步弄清楚事物和现象为什么是这样的。解释性研究探寻现象背后的原因，它主要是对现象之间的因果关系或相关关系的探讨，揭示现象发生或变化的内在规律，回答为什么。解释性研究是学术研究的较高层次的追求。前两者服务于解释性研究。

以教育人力资本研究为例，在经济增长的解释中，最初是亚当·斯密在《国富论》中提出劳动价值论，认为劳动分工是提高效率的关键。大卫·李嘉图在亚当·斯密的基础上提出了劳动价值理论、自由贸易理论、分配理论。人力资本到这时还没纳入经济学家的视野。舒尔茨首次明确提出人力资本理论。他认为除了自然资源、土地因素外，还可以把资本分为物质资本和人力资本，从而在资本、土地要素外，增加了人力资本投资概念。更重要的是，他还通过实证研究得出教育投资增长的收益在国民经济收入增长中所占的比重为33%。教育人力资本研究从探索性研究、描述性研究最后发展到解释性研究。

三种研究的外在表现——研究论文的要求和表现形式不同。编辑也会在不同阶段遴选不同稿件。比如，对某一新兴技术教育应用的研究，编辑一般开始会录用探索性或描述性研究的文章，前两种研究的文章多了，编辑才会录用解释性研究的文章。如果后期作者还投探索性或描述性研究的文章，被编辑录用的可能性就会明显降低。

（二）从研究对象方面划分

有人把研究类型归纳为四类：一是“是什么”的研究，即研究事物的结构、功能、类别、特点、发展演变、运作规律。探索性研究和描述性研究包含于此。二是“为什么”的研究，即研究事物结构、功能、特点等的原因。解释性研究包含于此。三是“什么样”的研究，即研究事物的特点并加以利用、处理。四是“怎么办”的研究，即对策或政策研究，提出解决问题的办法、措施或途径。

（三）其他角度划分

其他分类还有很多。比如，按数据收集的方法或研究方法，把研究类型分为实验研究、调查研究、历史研究、观察研究、访谈研究、行动研究、个案研究、比较研究等。按研究对象的性质及研究分析方法的不同，分研究类型为定量研究和定性研究。按研究结果的应用程度，把研究类型分为基础研究、基础应用研究、应用研究、开发研究等。按照研究数据的取样时间，把研究类型分为横向研究、纵向研究。还有人将研究类型区分为未来研究、政策研究等。未来研究着重是对未来发展趋势的研究和推断。比如教育未来研究、《现代国家的双重身份与未来可能的世界体系的建构原则》[①];政策研究针对问题提出解决方案或政策评价等。

五、不能止步于发表

如何处理研究与发表的关系，是研究者需要正确对待的重要问题之一。论文写作的目的之一是为了发表。很多人煞费苦心写出论文就是为了发表，但我们要强调的是，研究不能仅仅止步于发表。

研究是为了求知，为了认识世界。通过认识世界和自身，从而为自身生存赢得主动。

亚里士多德一句“吾爱吾师，吾更爱真理”，道出了求知的魅力。

所以，理想的研究和发表的关系，应是把发表当作研究的副产品，而不是“首要且唯一”的目的。

但事实上，人们的研究动机往往会逐步背离原初的愿景。很多研究止步于发表或出版。论文发表了，研究就开始被置之脑后并束之高阁了，忘记了追求真理的本意。更确切地说，发表已经替代了真理，成为研究的第一追求。一些研究者热衷于

① 清华大学哲学系黄裕生教授讲座题目。

关注编辑部发布的研究选题，开展点菜清单式的研究，这就是背离真正研究目的的表现之一。

更严重的倾向是，研究沦为“为稻粱谋”的工具。这是人们对研究这一崇高初衷的更大背离。国家投入无数，立项课题无数，出版新著无数，研究者课题可填满表格、著作可等身，但仅有少数研究者敢于对外宣称他们的研究成果到底发现了什么、为社会作出了哪些贡献。一些研究者的成果却只能充实悼词，“以数压人”，蒙欺外行。

这是社会的悲哀。学界需要思考，更需要有人行动起来，正本清源。

六、牢记不同学科的研究特点

本节以教育学科研究的特点为例来进行阐释。

教育研究有两个特点：一是以促进人的发展为根本，二是教育是一门实践学科。这两个特点深刻地影响了教育研究的方向和重点。

针对第一点来说，教育是培养人的活动，教育研究自然应以人的发展为最后归宿，也一定指向人的发展。这与其他学科的研究其实是相通的。

教育发展史清楚表明，人类走过的漫长历史长河中，教育之所以能够绵绵不绝，持续存在和发展，根本原因就在于它能促进人的发展。离开了这一功能与特点，教育就失去了存在的理由，也失去了它的存在价值和意义。

道理很简单，几乎不需要提，但理想中的教育落实到实践中还是常常会变样。在现实社会中，教育促进人的发展，实际上更多地表现为教育帮助人们提升社会阶层的功能，表现为升学、进入更好的学校（含大中小学）。人的发展常常窄化为唯一的、智育的发展，窄化为考试成绩的提高。有些教育研究直接变成强目的性、功利性及以有效提高学生考试成绩为旨向的探究，人的发展的更多可能性被遮蔽。这对于弱势群体儿童的发展尤其不利。

近年出现的两个不好的苗头也值得关注：一是“阐释”论，一是“宣传”论。它们也偏离了以促进人的发展为根本的研究导向。“阐释”论多以讲话或文件精神为旨归，动辄以“贯彻 × × × 报告精神”为出发点，从学术研究的视角看，论证过程苍白无力，实际上也并未得出更有价值的结论。在教育研究中弥漫的这种风气，在某种程度上也是对研究本质的一种背离。“宣传”论与此相差不大，这里不再赘述。

当然，我们不否认“阐释”论、“宣传”论所提的报告等是有价值的。恰恰相反，一些报告的表述并不是无中生有的、从天上掉下来的，它也来自研究者的调研或学者的见识，因此也常能反映出社会或教育的现实需求。因此，一些报告的论述与人的发展研究之间并不是完全脱节的，相反，两者还有不少共识。

但是，不能因这些共识的存在就认定这种研究出发点是合理的。我们还是要强调，研究的出发点是促进人的发展，促进学生身心的发展，而不是报告的“精神”“提法”等。报告的“精神”也许只是强调问题的突出性和重要性，不能成为研究的目标和指向。这样的区别，稍有学术研究素养的学者是不难看到的。

强调人的发展，有两层含义：一是教育要研究人——儿童的特点；二是教育的目的是促进人的发展。对于儿童的研究，不是说教育要坐等心理学的研究成果，把心理学的成果用于教育，而是强调要多研究现实中儿童的心理、行为，从中归纳出教育教学原则。这种研究也许不如学院派的理论研究那样说起来头头是道，却是实在实用的。即使它暂时没有发现心理学的基础，却可以有效指导教育教学。苏联苏霍姆林斯基已经做出了典范。

教育研究的目的指向发展，着重在于强调教育要发展学生的知识、技能、情感，或者德智体美劳，探讨某一方面的发展可能、发展方法、影响因素等，而不是重点研究报告讲话、政策文件。以此为旨向的研究导致的不良后果之一，就是研究可能没有连续性。显然，领导总有变换的一刻，政策也有更新时。随着新的领导上岗，新的政策、表述等提出，原有的研究套路和目标大概率也会大幅变动。于是，新一轮研究问题、研究导向随之启动。原有的研究被弃一旁，开始新的阐释。如此循环，而真正的学术研究没有得到关注和成长。

这种研究风气最大的问题，是弱化了学术研究。如果整个研究风气如此，就会导致研究肤浅，人云亦云，难以得出有洞见的研究结论。学术研究就会沦为表面化、肤浅化。

至于第二点，即教育是一门实践学科，就是强调教育要关注实践，深入研究实践。教育知识的情境性等见识，更加突出了实践对于教育研究的重要性，相信很多人都有共识，这里就不多说了。

第二章　写作：清晰表达

一、构建“骨架”

学术论文大体都有个框架结构。这种框架结构有的是外显的，用一、二、三清晰地标示出来的；有的是隐性的，文章从头直接贯穿到尾，中间没有明显的标示，这种表达方式不是说论文没有结构，只是说它的逻辑结构被隐含在文中了，没有直观标示出来而已。

出于行文的方便，下文按外显的结构加以说明。

（一）编制提纲

论文写作大都要求拟定个提纲。这个研究提纲，按通俗说法就是文章“架子”。它是研究思路和研究内容的显现。

研究提纲根据研究范式的不同可能会有明显差异。

实证研究论文常有通用的模板，主要分以下五个部分：

第一部分，研究背景（或研究缘由、问题提出）；

第二部分，文献综述；

第三部分，研究设计（包括研究方法、研究假设、数据处理等）；

第四部分，研究结果；

第五部分，结论与讨论（或者讨论与反思、总结与反思等）。

其中，文献综述其实有时可以分别并入第一部分研究背景或者最后的讨论部分中。这些部分构成文章的一级标题。第二级标题就比较灵活了，常采用和哲学思辨研究类似的编写方式。

哲学思辨研究论文的提纲有的有相对固定的模板，有的比较灵活，很难统一。一般来说，这类提纲编写的重要手段是演绎和归纳。演绎指根据标题的核心词汇，将它的内涵和外延梳理清晰，并分解成若干相互独立的部分。各部分之间可以是递进或并列关系。核心词与分解部分之间可以是包含关系或程序关系（主次、过程等）（图2-1）。

编写写作提纲的困难在于：① 怎么抓住真正想要研究的问题，找到反映研究问题的恰当语词并不容易。常见的是，人们模糊感觉到问题的存在，但离将其清晰明确地表达出来，往往还有不小的距离。造成这种问题的根源，实质在于人们的认识还不够清晰。② 怎么把研究的新观点、时代性表达出来，尤其在第一、第二级标题体现出来，而不是把它们隐含在文章段落里。③ 怎么做到有逻辑穿透力，这也是不容易的。常见

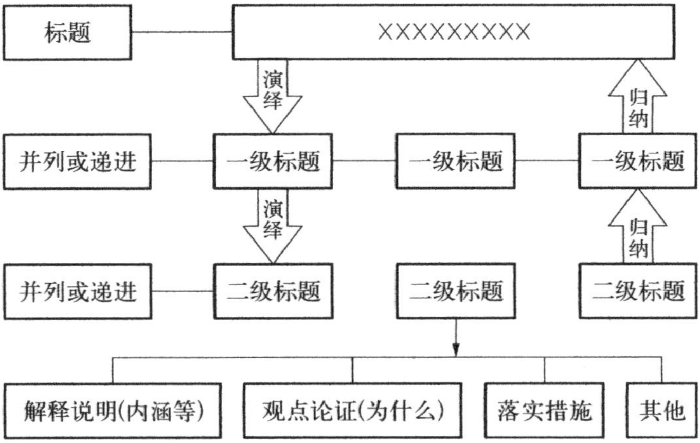

图2-1　文章框架建构流程

的做法是：先有个初步题目、提纲，后续再不断修改、精细化、打磨，慢慢达到自己满意的目标。

比如，看看文章框架的表述是否到位？大标题能否反映研究的核心观点，以及观点是否突出？用词是不是抢眼和准确？小标题能不能概括段落内涵，以及内容能不能支持小标题，两者之间是否呼应？小标题间的逻辑是不是严密？等等。经过这样的推敲打磨，相信文章会“光亮”不少。

一二级标题下的论述也容易出现问题。一般来说，内容材料和小标题的逻辑关系大致有几类：一是解释说明小标题，即解释小标题的内涵和外延，让读者容易理解小标题。二是说明原因，即论证为什么是小标题这样的观点，论证观点的合理性、正确性。比如，小标题为“教师专业发展是教师队伍建设的关键”，那么该标题下的内容就是解释为什么说教师专业发展是教师队伍建设的关键。三是落实措施，即提出落实小标题的措施或建议，以及需要采取什么行动。比如，如果小标题是“推进信息技术的教学应用”，那么标题下的内容就是说明推进信息技术教学应用需要采取哪些举措及可能出现的问题等。当然，其他写法或内容也可能有，但主流大概就是这几种。作者也可以将解释说明类、原因说明类和落实措施类的论述结合起来，共同充实和支撑小标题的观点。

常见的问题是，有些小标题拟好后，作者却忘记充实相应的支持内容，出现内容与小标题不吻合，即文不对题，或者内容难以有效支持小标题等现象。这些不足出现在初稿写作中是难免的，需要作者在后面修改中多加留意，仔细推敲斟酌：从题目到小标题再到支持材料，需要层层“演绎”推理；又从支持材料到小标题再到大标题的步步“归纳”与提升，上下来回“运动”，以完善文章的论证逻辑。

学术论文提纲一般采用递进式，即由浅逐步往纵深处推进。就像政府工作报告一样，开头大都为“工作回顾”，后面是面临的挑战和机遇，接下去是未来工作目标、步骤、措施等。当然，这也是一种事物发展过程的逻辑。

并列式提纲的各章之间常是并列的关系。比如，国际教学理论比较研究这一主题，分成美国、德国、英国、法国等篇章。这种结构常用于书稿写作。但递进式内部也可有并列式。两者有时交叉使用。

写作提纲可以看作是作者整体思维的外在反映。它方便作者思考，也有利于写作。提纲确定后，可以不用从头写到尾，可以跳跃，先写容易且熟悉的部分，后写难的、复杂的部分。

（二）拟定结构

1. 总体结构

学术论文结构常常因研究范式不同而呈现明显差异。量的研究论文结构相对统一。前面已经提到，它一般由五部分组成，包括导言、文献综述、研究设计、研究结果、结论与展望。各个部分边界清晰，目的明确。导言部分一般又称为引言、研究背景、问题提出等，着重提出研究问题；第二部分是文献综述，围绕研究问题梳理已有的研究进展；第三部分是研究设计，主要是交代研究方法、研究过程、研究假设，抽象概念操作化、研究对象选择等；第四部分主要是数据分析或研究结果，主要呈现量化数据；第五部分是研究结论和讨论，或结论与思考、结论与展望、结论与反思等。各部分会因作者偏好或文章体量大小的不同而有不同名称，比如第一部分常有研究背景、研究缘由、问题提出等不同称谓。

这样的结构在期刊论文写作中是比较常见的，阅读起来也相对方便。比如，想了解作者的研究方法，读者着重看研究设计部分即可。差异较大的是毕业论文，它的结构往往比较多样，常常是“百花齐放”，各校不同。比如，有的增加理论基础、理论依据等章节，有的增加调查效果、采取对策等章节，原因是论文指导教师要求论文要有理论依据，但是提出研究问题和研究设计部分，写作者一般都会交代写作缘由，为什么还要单独写理论基础或理论依据？也有的论文指导教师还要求论文要写够一定的页数等。按照指导教师的这些要求，毕业论文的内容往往会越加越多，不同内容交叉叠置，有些内容甚至纯粹出于形式需要，即要求必须要有这部分。这样容易造成各部分的大标题之间看似联系紧密，实则联系松散。这种联系更多的是表面的、拼凑的“硬”联系，而不是内在的逻辑联系。当然，毕业论文也要根据不同学科、不同论文类型等对整体的框架做相应调整。

要改变这种现状，倡导五部分实证研究文本结构却不容易。原因不仅是论文指导教师的认识有异，也在于高校管理部门提供的模板大都不同，多数沿用传统的模板，有时也并未兼顾学科或专业的特点。

哲学思辨论文结构相对而言更加灵活，常根据研究主题和逻辑结构而灵活变化。

2. 意义结构

学术论文结构从意义上说也要深入讲究。风笑天认为，定量研究报告应该是“漏斗型”，采用“宽—窄—宽”[①]结构。前面的“宽”指开头视野要广阔，后面的“宽”主要指研究结论要引申开来，使得研究结论在更广泛的意义上应用（图2–2）。中间的“窄”，主要指文章的核心论述部分。这样的结构比较

① 风笑天.社会研究方法［M］.北京：中国人民大学出版社，2021：277.

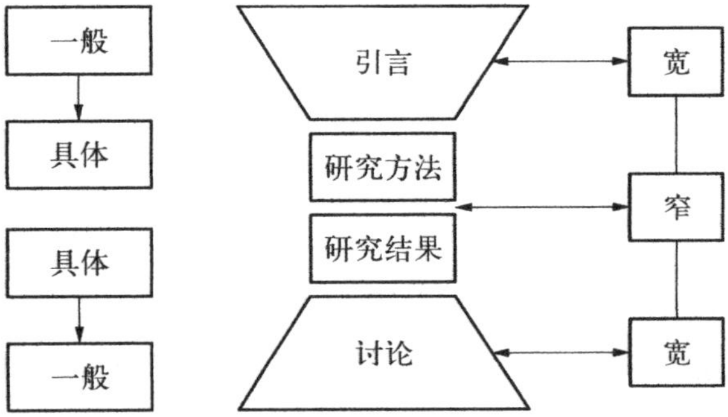

图2-2　文章意义结构

符合人们的阅读心理和习惯。

也有些论文采用单刀直入的方法，先由某件事情或案例入手，直接指向研究问题。这种写法看似入口小，但从这件事上揭示的研究问题是“大”的。

学术论文内部结构又可以分板块法和观点陈列法。

（1）板块法

这种方法把文章按逻辑分成几大块，比如，研究设计、研究结果、讨论与结论等，然后每部分分别阐述。这种写法的优势是条理清楚，层次分明。

（2）观点陈列法

这种方法是把每个部分的观点用小标题提炼出来，每个部分就是观点+内容，便于阅读。这种方法的优点是观点鲜明，有冲击力。也正因为这样的原因，编辑审稿时，有时略看文章的一二级标题，就基本能判断文章的大致内容和观点。

意义结构中有时还讲究层次。“文章结构中最重要的是层次。层次就是文章中材料的次序。”写文章时把所选材料分成若干部分，分出轻重缓急，前后连贯，这就是安排层次。一个层次就是一层意思[①]。

（3）逻辑结构

学术论文从大标题到各级小标题应该逻辑关系清晰，或者具有递进关系，或者具有并列关系，或者具有包含关系。逻辑关系清晰，就会条理清楚，有利于对文章的理解与阅读。

结构上要变得逻辑清晰，写作者抛开文稿，自问自答地构建框架，也许是比较有效的方法。原因大概是人的言语系统遵循的是直接、简洁原则。

二、建构理论

（一）概念界定

人们通过思想把握世界，而概念是思想把握世界的最基本单元。清晰界定概念是文章写作的基础。文章开头应明确本文是在什么范围及什么意义上理解这个概念的，并在全文保持这种理解，以免引起歧义。对于抽象概念的界定，尤其如此。比如，“好的生活”这个词组，不同的人理解就会有

① 王力，朱光潜.怎样写论文——十二位名教授学术写作纵横谈［M］.沈阳：辽宁教育出版社，2006：124.

差异。对于老百姓来说，“好的生活”可能就是衣食无忧；对精英人士而言，“好的生活”可能还要加上清幽的家居环境、美好的精神享受、偶尔的外出旅游等。因此，讨论“好的生活”，研究者就需要先明确界定“好”的含义是什么，以及“好”的研究范围、研究对象。引入专门术语的一种直接的然而又稍欠灵活的方式就是，在文章开头通过一连串特殊定义来引入。另一种更加自然的做法是把定义直接带入讨论中去。例如，康德在讨论中是这样引入“经验”和“先天”的：

> 有没有什么知识是独立于经验，甚至是独立于所有感官印象的？这种知识被称为“先天”知识，它与源自经验的经验知识不同。①

概念界定常出现两种问题：一是循环定义。逻辑学要求的概念界定方法是“属加种差”，即被定义概念＝种差+邻近属概念。如果被定义概念＝种差+被定义概念，那么它变成了循环定义，概念自己定义自己。实际写作中，这类错误并不少见，人们常常无意识地犯下这种错误。这样的例子很多，此处就不赘述了。二是没有揭示种差。种差是被定义概念与同一属

---

① 罗伯特·所罗门，凯思林·希金斯．大问题——简明哲学导论［M］．张卜天，译．北京：清华大学出版社，2018：390.

概念下的其他种概念的本质差别。有些研究者概念界定时往往出于满足研究形式的需求，而不是揭示概念的本质差别。这种概念界定就容易引起质疑，使得概念没有得到有效界定，进而影响研究效度。

（二）分析单位

分析单位指描述或解释研究对象时所使用的基本单位。它起源于社会学，一般为个人、群体、组织、社区、制度、社会系统等。

这方面常出现的问题是：很多研究在实际行文中，常会无意识地转换分析单位。分析单位原本是学校，不知不觉却被换成了老师；原本是分析教师集体的，不知不觉中又变成分析教师个体；等等。

分析单位是研究的基本对象，它贯穿全文。转换分析单位，会动摇论文主线，使得论文主题不聚焦、不集中，这点值得写作者注意。

（三）分析框架

分析框架好像不太常用。但事实并非如此，只是很多人常用而没有意识到而已。

什么是分析框架？分析框架是分析问题的基本框架和思路，告诉人们这个问题应该从哪些方面着手。它有时也可理解为理论框架。

比如，人们分析一个国家的宏观经济状况，常从消费、投资、对外贸易（俗称拉动经济增长的“三驾马车”，法国让·巴蒂斯特·萨伊在《政治经济学概论》一书中首先提出）入手，这三个维度就是宏观经济分析框架。又如，社会是个综合概念，人们对它的理解常常不一样。马克思主义采用阶级分析方法，即将社会分为统治阶级、被统治阶级，进而分析社会的结构及其相互之间的关系。再如，党性是个抽象概念，不容易理解。现在我们认为它的内涵包含政治、组织、纪律、廉政、作风五方面，因此党员分析党性修养时，常从这五个方面入手。那么，这五个维度就是党性分析框架。

从这些分析可以看出，分析框架其实是一种工具，很有用，它使得研究者组织材料、开展分析变得有理有序（按同行约定的维度展开），不至于陷入混乱，且容易取得共识。没有分析框架，材料组织和分析就会失去章法，可能变得“东一榔头西一棒”。

分析框架能用现成的最好（比如，借用某个理论），便于获得同行认可，也可以通过文献分析构建自己的分析框架，这往往是基于创新的需要。很多时候，研究者需要自己新建分析框架，但要论述有理，能得到同行认可。

卡西尔说：“历史学本身如果没有一个普遍的结构框架，就会在无限大量的无条理的事实面前不知所措，因为只有借助于这种普遍的结构框架，它才能对这些事实进行分类、整理和组织。”[①]其实，不仅历史学如此，教育学等其他学科也一样。初始的研究材料大多凌乱不齐，需要借助分析框架把它们有序穿插起来，以方便阐述主题。从这一角度来说，只有选择好的分析框架，才能有利于组织和使用材料。

分析框架不是唯一的，分析同一个对象可以有不同的分析框架。比如，同是党性，今天我们常用五个方面，以后有人认为它的内涵只包含A和B两个方面，那他也可以建立A和B分析框架，只要他论述站得住脚，能被同行认可。否则，别人就可以有理由质疑他的分析框架的合理性，进而质疑整篇文章分析论述的科学性。

教育科学比较通用的、有自身特色的分析框架不多，它常借用其他学科或研究者临时自建的。比如，教育社会学研究常借用社会学的分析框架（如再生产理论等）。教育经济学常借用经济学的分析框架，有时不妨建构自己的分析框架（见下面案例），比如分析科学技术对人的影响，可将人的能力分为体力和脑力。技术的发展使人的体力得到了极大的解放，人工智能的发展将可能使人的脑力得到解放；分析人工智能对教育的影响，有人将教育的功能分为“启智”“劝善”，前者是智力发展，后面部分是德育。利用这样一些分析框架，技术或人工智能的影响一下就清晰凸显出来了。

---

① 恩斯特·卡西尔.人论［M］.甘阳，译.上海：上海译文出版社，2013：117.

▶ **案例1**[①]

（二）分析框架

本研究以林德曼的多维教学质量观为理论基础，结合教学交互对在线教学的重要作用，构建在线学习成效影响机理假设模型。

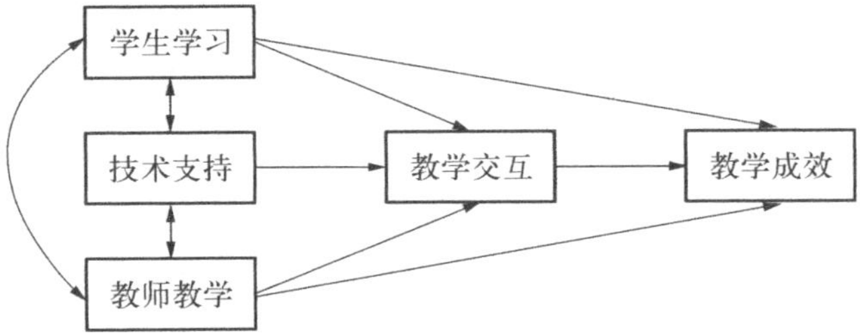

总之，以教育学科为例，我国学者开展教育研究构建新理论的不多。原因有三：一是限于研究者的研究能力和素质。因为构建理论本身比较艰难，科研能力和素质不强是国内部分研究者的实际现状。二是缺少勇气，不太勇于建构新的理论，总认为理论神圣，轻易不敢涉足。多数时候他们宁愿借用国外理论来说明当下的教育现象，也不敢轻易提出自己的理论。三是研究习惯。如果同行们都极少建构理论，那么研究共同体的成员之间就会互相效仿，从而放弃理论的建构。

理论说到底是由概念或命题构成的对某一现象发生、演变

① 周建华，陈凤菊，李政.我国高校在线教学成效如何？——基于对21万本科生的调查［J］.开放教育研究，2022（4）：76.

过程的解释或预测，反映了人们对自然或社会的认识和把握。随着对研究对象认识的加深，研究者对该对象的发生机理、影响因素、作用机制、可能结果等一般都有大致的认识和判断，因而都会形成某种认识。这种认识体系其实就是理论。

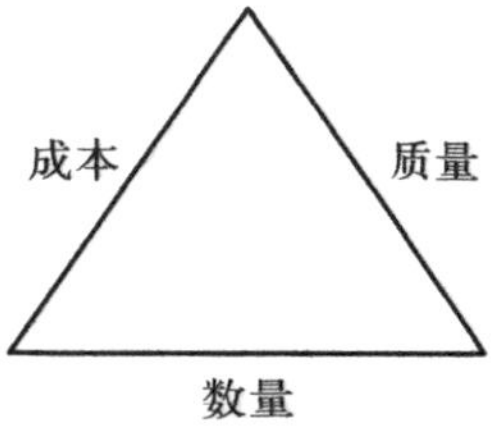

图2-3 “质量、成本、数量”铁三角理论[①]

英国开放大学前校长约翰·丹尼尔爵士根据开放教育质量、成本、数量的关系讨论，将其他领域应用的“铁三角”理论应用于开放教育，提出了开放大学办学的“铁三角”理论（图2-3）。这一理论其实内涵简单，相互关系也早有讨论，但用三角形表达出来就很直观了。所以，理论建构并没有想象的那么难。

更可惜的是，不少研究者开展了田野调查研究，投入了大量人力物力，也有了新的发现，但得出的研究结论也多为对已有理论的修正或完善，很少能根据自己的认识和推测，把自己的认识上升为理论。这不仅让我们对研究者工作付出的辛苦感到遗憾，也为没有让这些便于建构理论的田野研究方法发挥其优势而感到惋惜。

无论如何，建构与我国教育实践相符的教育理论仍然是教育研究的追求和目标！

---

① 约翰·丹尼尔，徐晶晶.成本、质量和机会的新关系［J］.上海教育，2003（23）：54–55.

三、逻辑与论证

一篇好的论文需要逻辑清楚，论证合理，下面从这两个方面展开讨论。

（一）逻辑

1. 推理逻辑

人面对外部世界的各种现象，常常需要采用某种逻辑方式推测更深刻的“真相”。逻辑的方式一般可归纳为两种：一是归纳，二是演绎。事实上，直观也可以作为一种认识方式，但被认为是直观的对象，大多会被当作自明的、无可争议的“公理”，无须推论，所以人们很少提及。归纳推理（如案例研究、观察研究等）是从特殊到一般，最终形成概念和原理。这无疑是排除和肃清假象的对症良药[①]。它的缺点是结论有时不太可靠，难以令人信服。人们的认识对象是有限的，不可能穷尽所有对象。只要人们没有穷尽所有的认识对象，归纳逻辑就可能得出例外的结论。正如在“乌鸦是黑的”这个结论中，只要现实世界存在一只白的乌鸦，就可以证明这一结论是错误的。

演绎推理（如实验研究、假设证明等）遵从从一般到特

---

① 培根.新工具［M］.许宝骙，译.北京：商务印书馆，2016：19.

殊的推理，是对事物先有基本认识，然后形成假设，再加以证实。其缺点是细微、局部和零碎。如果研究设计没有做好，得出的结论也会不可靠。

1）归纳推理

归纳（也叫概括、抽象），指从许多个别的事物中概括出一般性的概念、原则或结论的方式，强调从个别、具体走向抽象、一般。

归纳推理是研究常用的推理方式，占比很大，因为人们接触的事物大部分都是个别，都是从个别中获得认识，难以见到普遍的、一般的。

很多伟大的发现也大多是从个别中产生的。比如，牛顿由苹果（个别）落地发现了万有引力（一般）。瓦特由水壶盖子（个别）发明了蒸汽机（一般）。在自然科学中，自然规律总是隐含在个别中，个别里蕴含着普遍。人们接触和打交道的是个别，然后以个别为中介进而猜想普遍、一般，这是常见的认识路线。实际工作中，人们常推荐采用“解剖一只麻雀”的办法，这就是通过深入了解个别进而认识并了解普遍和一般的归纳推理。

“牛顿终于将苹果落地的力、维持月球在其轨道上运行的力和一切相互吸引的力，都统统归结为一种力，而且还证明这种力产自物质所共有的一种性质，因而使宇宙中各质点间相互吸引，引力的大小与两质点的质量和其之间的距离有一个确定的关系，这个关系叫做万有引力，即万物彼此之间相互吸引，引力的大小与物质的质量成正比，与它们之间的距离的二次方成反比。”[①]爱因斯坦的这段记叙，清晰地表达了归纳推理的重要特征。

但是，归纳法隐含的假设是未来将和过去一样，这个（种、类）将和其他（个、种、类）一样。因此，从个别跨越到一般常存在巨大的认知风险。就像一种病有多种症状一样，仅仅凭某种症状或表现，就判定为某种病，是不可靠的，所以医生看病经常需要“旁证”，即从相关症状得出的结论之外再加佐证。这种努力表现在学术研究上就是应用“多证据互证”。因此，经验对医生的价值就在于大量的病症案例有助于他归纳出更准确的判断，也是这个道理。

而且，人们的知识背景、所处环境、文化习俗等，也会影响人们看问题的角度。所以，人们在归纳个别现象时，会得出不同的结论。偶尔对了，大多数时候却偏了。尽管如此，人们还是经常利用归纳推理获取知识和见解。

2）演绎推理

这种方法是从抽象、一般、普遍走向具体、个别、特殊，即从普遍性原理或知识出发，去认识个别、特殊的事物。

演绎推理在教育研究中并不鲜见。《爱弥儿》等教育名著的论述中，很多地方都采用了演绎推理论证。比如，他们由万物生长遵循自然规律，得出作为万物一员的人的成长也应遵循

---

① 阿尔伯特·爱因斯坦.相对论［M］.周学政，徐有智，译.北京：北京出版社，2012.

自然规律的结论，从而提出自然主义教育主张。这种论证在文艺复兴时期的作品中尤为突出，思想家广泛应用自然运行的规则规律对抗神权的压制和权威。

归纳推理和演绎推理往往交叉应用在某一观点、某一段落的论证中。归纳推理还常常是实证研究的起点。比如，归纳推理为实证研究提供研究假设，形成“归纳—演绎—实证”的路径。“我们搞科研，要先有归纳，再用演绎，不能反过来”[①]。如果这一过程被反过来，先有成见，再有例证，就会出现很多问题，容易陷入前面说的“口水战”中。

2. 呈现逻辑

学术论文既有整篇文章结构的逻辑，如文章的开头、中间、结尾要有联系，也有段落内部观点论述的逻辑。呈现逻辑是将研究资料和观点组织起来的重要方面。

1）逻辑循序

逻辑顺畅是说理的需要，也是阅读的需要。它会引导读者的思路。逻辑严谨，会顺理成章、条理清晰、符合习惯，更让人信服。

常用来组织材料和观点的逻辑顺序按照重要程度、演化关系、深—浅关系、因果关系、时间顺序、过程（发生发展）顺序、步骤先后、主次关系等来排列。这种顺序可以根据阅读或理解的需要而定，也可根据叙述方便而采用倒叙或顺叙。关

---

① 王力. 王力论学新著［M］. 南宁：广西人民出版社，1983.

键是不要逻辑凌乱，要有内在逻辑脉络。按一定关系铺陈观点和资料，文章会显得逻辑严密。

2）归类标准

“没有分类，思想无法进行，一切都将是混乱。”“分类就是最基本的秩序。”①没有归类就没有逻辑，要学会归纳分类。分类要关注的重点之一是遵循矛盾律。类别之间各自独立，不要你中有我、我中有你。特别是设计问卷选项时，这类交叉重复的差错很容易出现。

3）删去冗余

新手论证时，常常会堆积大量的研究数据和资料，淹没了观点之间、句子之间的逻辑关系。解决这一问题的办法，就是选用能说明问题的最直接、最有效的数据和资料，删除无关紧要的观点和数据，把逻辑关系凸显出来，方便读者理解。

（二）论证

论证的最简单说法就是：摆事实，讲道理。摆事实（数据和事例），就是拿出案例来说明和解释论点；讲道理，就是说明逻辑内涵和关系。常见的论证有三种类型。

1. 例证法

例证法主要通过举例来论证观点、说明问题。它的逻辑大致是，这个事物遵从这一道理，其他事物也会遵从这一道

---

① 赵汀阳. 观念图志［M］. 厦门：厦门大学出版社，2020：95.

理。这和文学中的类比、逻辑学中的类推类似，基本原理是相通的，被广泛应用于人们的研究与写作中。

电影学里，有种被称为蒙太奇（Montage）的表现手法。导演把数个似乎相关的镜头画面剪辑在一起，拼凑在一起，达到臆想的叙事目的，塑造某一期待的形象。这种手法可以把一个平淡无奇的景点塑造成风景秀丽的旅游胜地，或者相反，把一个旅游胜地剪辑成平淡无奇的场地。

例证法和蒙太奇手法，两者的原理相通，核心在于人们总可以选用不同的例子表达自己臆想的意见，所以它不太可靠，容易引发争议——公说公有理，婆说婆有理。有人甚至断言，你可以举例支持它，我也可以举更多的例子来反驳它。

2. 引证法

引证法就是在文章中引用他人的观点和思想来支持或反驳某一观点。有时，引用在研究和写作中具有画龙点睛的作用。它是人们研究和写作广泛应用的论证方法。

但是，引证法常被人“歪用”。比如，有人总结的论文写作秘诀之一，是先写好文章，再增添（即引用）一些名言名句，使之具有权威性和说服力，增加语言的文采和文化内涵。显然，这不是我们提倡的引用，这种引用其实是“装饰”，让文章看起来更好一点，仅“徒有其表”。我们主张的引用，要说明事物的基本原理、运作机制。特别是在学术研究中，引用经典观点和文献加以论证，是好文章不可缺少的部分。

简言之，引证法、例证法都具有归纳逻辑的缺点。对某一观点，人们能够找到很多的名人名言及案例支持或反对它，也能够找到同样多的理由来反对或支持它。所以，它不可靠。

尽管如此，例证法和引证法依然是研究者常用的论证方法。那些当下没有弄清基本机制或基本原理的事物，需要用例证法或引证法进一步说明解释。离开它们，很多文章就会像人只有骨头没有肉一样，显得枯燥干瘪。

3. 说理法

引证法、例证法存在不足，说理论证是相对有说服力的。这种说理的“理”主要是指道理，即揭示事物发生发展的内在机制、原理，说明事物为什么这样、为什么那样的原因。它常包括三个方面。

1）说明是什么

即通过阐述界定研究对象的内涵和外延，确定研究对象的性质、表现形式、特征、规律、功能等。概念系统构成研究对象的理论体系。

2）发展过程

主要通过说明研究对象的产生、发展和现状的演变过程，阐述事物性质。

3）作用机制

着重说明事物构成因素相互作用的机制，以及与外在因素相互作用的机制。这种系统解释也被称为基本原理。从基本原理层面说明研究对象，也常常被认为是比较深刻的论述。

实际写作中，三种论证方法常常是有机结合的。很多名著或名作都能够印证这一点。不管采用哪种方法，研究者需要明白的是，逻辑证明只是表明真理成立的一部分，实践证明才是彻底的。这也是辩证唯物主义者持有的立场和方法。

（三）需要关注的方面

1. 依据的可靠性、彻底性

论述的基础需要牢靠，基础不牢，一旦受到攻击，整个论述就会崩塌。怎么才算可靠、彻底呢？一般来说，那种建立在生物学意志基础上的，才是比较彻底的。

比如，经济学建立在人性基础上，即人是自私的、功利的。自私、功利是人性。把研究建立在人性之上，就有比较坚实的基础，因为“人性是人的研究的绝对边界”[①]。哲学强调从根本层面上思考，提出问题、阐述问题、分析问题，所以哲学研究常常是深刻的、有力的。

教育研究也要求具有确定可靠性，避免主观。比如，采用皮肤电、神经反应等方式探测人的学习状况，就是希望把研究建立在人的神经等生物反应基础上，排除人的意识的干扰。这是实证研究所做的努力。当然，不是任何教育研究都能借助这些生物技术，很多教育研究还要借鉴哲学思维方法，使得思考和研究变得深刻、彻底，比如经常给自己提问：是什么？为什么？这可能是提升研究深刻性的有效办法之一。

---

① 赵汀阳. 论可能生活［M］. 北京：读书·生活·新知三联书店，2010.

2. 逻辑的客观必然性

真理是客观、必然的，这是真理的内在要求。不符合这两点，认识难以成为真理。但是，什么是客观的、必然的？落实到研究中，这需要训练。

这里面有逻辑修养的问题，也有习惯养成方面的问题。比如，有些客观的必然性，仅仅是作者主观必然性，是仅仅基于部分经验联系的必然性（由A到B）。特别是新手甚至连主观必然性也缺乏，有的仅仅是粗略的文字必然性。滥用各种推理语词，如“综上所述”“由此可见”“总之”“由此必然”“显然”等词，以语词代替研究分析和推理，是其中的突出表现。

康德批判休谟的“独断论”能够给我们启发：想象力凭借经验而受孕，把某些表象置于联想规律之下，并把由此产生的主观必然性，亦即习惯，硬说成是洞察到的客观必然性①。这是学术研究应该避免的。

3. 做好承上启下与呼应

部分之间、段落之间、句子之间做好“承上启下”工作，这也是逻辑表达的组成部分。文章各部分之间要相互联系，构成有机整体，过渡不要显得突兀。

4. 避免一味否认别人

这特别体现在开篇的问题提出部分。新手确立研究问题

① 伊曼努尔·康德.未来形而上学导论［M］.李秋零，译注.北京：中国人民大学出版社，2013：3.

时，常会把别人说得一无是处，极端地否认别人，然后确立自己的研究问题。这是把问题简单化处理，不符合事实。恰当的评论方法是一分为二，肯定该肯定的，否认该否认的，实事求是说明道理和事实。

出现这一问题的原因，在于很多新手深入实践不够，不了解某一学科或领域现实的多样性、复杂性，以书斋中的眼光展开评论。解决的办法是了解现实，深入理解现实。

5. 避免以偏概全、牵强附会等

以偏概全、牵强附会等问题，在新手写作中并不鲜见。不少新手为了证明自身论述的正确，会出现以偏概全、牵强附会的论证和解释。其中不仅涉及学风问题，还涉及逻辑推理本身。

以偏概全常用在诡辩或宗教迷信中。它们利用所谓的证据，随意附会自己的主张。比如，算命先生用阴阳五行来说明人的命运，就是牵强附会的解释。

这样的例子也很多。有的表现明显，有的表现隐晦，实际写作出现的问题形式更加多样、更加复杂，这里就不再列举细说了。

6. 慎用“另外”“同时”“此外”等

在论述观点过程中，很多新手常用“一方面……，另一方面……”或者在“不仅……而且……”“还”“也”等后，还频繁地使用“另外”“同时”“此外”等。这种“拖尾巴”式的论述和说明，让论述没有“节奏”，还让读者兴味索然。

造成这一现象的原因，在于作者理解不深、不透，分不清各个因素的主次轻重，以及相互之间作用的逻辑关系，于是胡子眉毛一把抓，用很多的连词（还、又、此外），把各种因素都罗列进去，像铁路货车一样，没完没了地“拖拉”下去。

解决的办法，一是要立场清楚，自己反对什么，支持什么，要清晰，不要含糊；二是深化认识，理解清楚观点之间、材料之间或因素之间的逻辑关系，分清主次轻重。这样，论述或说明时自然会突出重点，忽略细枝末节，不会出现火车货车式的“拖拉账”。

7. 善用比喻

论证过程中，善用比喻是比较管用的妙招。有些深奥的道理，如果用身边熟悉的事物来类比，往往能起到画龙点睛的作用。邓小平同志说的“不论白猫黑猫”比喻就是例子，它一下就把市场经济与计划经济两种选择的道理清楚地展示出来了。

四、攻其一点

写作教学中的“八字”秘诀——“攻其一点，不及其余”和散文的“形散神不散”属异曲同工。“攻”的这一点就是文章要支持或反对的主要观点。作者确立某个观点后，就可以从各个角度（正反）、纵横古今展开论证。“其余”指与这个观点或主张相关的方面。不及其余，就是与这个观点相关的方面可以暂时放置一边，不要顾及。这样，一篇主题集中、立论清楚、观点鲜明的小文章就可以形成了。掌握和娴熟应用这“八字”技巧，对论文写作是大有裨益的。

它的缺点也很明显，那就是很可能陷入“口水战”中。比如，关于教育游戏的作用，人们争议不少。有人支持，有人反对。支持者有欣赏它的理由，比如，它有教育性、娱乐性，有乐趣，吸引人，可以不知不觉地达到传授知识、教化育人的目的。反对者可以列出对它深恶的依据。比如，它影响孩子的视力，使孩子容易上瘾沉迷和容易受不良价值观的误导等。两者都可以列出翔实的依据。

这种写法需要强调的一点就是，不能陷入先有“先入之见”，再寻找证据的陷阱之中，那很容易迷失研究求真的目的。因此，如何基于依据的基础上客观辩证地分析，或者结合一定情境展开分析，是这种写法需要关注的一点。

尽管不足很明显，但“攻其一点”还是论文写作值得铭记的一条秘诀，值得细细体会，熟练应用。

五、流畅表达

表达流畅是研究者需要掌握的很重要的一项技能。有经验的编辑，甚至能够依据几段文字，大致了解作者的功底，是还在求学的“菜鸟”，还是经验老到的“专家”，进而推测文章的水平。

叔本华说："含混和模糊的表达方式是一部作品最坏的象征，造成这种结果百分之九十九都是因为思想模糊，而思想模糊又是由于思想本身中原有的不和谐，不一致。"又说："真理是完全赤裸的，表达真理的方式越简单，真理的影响便越深刻。"①

叔本华指出了语言与思想的关系，也说出了语言表述的重要性——真理的表达方式越简单，影响越深刻。

语言表述说到底是规则游戏。它没有真假，关键在于符合规则。"科学语言的句子是由语法组织在一起的，语法告诉我们可以把某个单位放置于何种语句之中"②。人们基于这个规则，可以相互理解，达成共识。这个规则的核心要素是主谓宾（这其实是源自印欧系语言的语法），它是核心，然后是定状补。但很多表述会省略主语，让语言表达变得复杂。学术写作不同于文学创作，相对比较规范，特别是主谓宾语成分清晰。编辑所说的句子通顺，大多指的就是句子主谓宾语成分符合规范。

怎么避免千奇百怪地表述问题？希望有"一招鲜"的办法恐怕是不现实的。下列几点建议，也许可以帮助新手改进。

---

① 亚瑟·叔本华.孤独读书术［M］.刘大悲，陈晓楠，译.北京：台海出版社，2017：15.

② 雅各布·布鲁诺夫斯基.知识与想象之起源［M］.魏飞，译.上海：上海文艺出版社，2020：67.

（一）鲜明地表达自己的观点

即肯定什么，否定什么，赞成什么，反对什么，要清楚地表达出来，不要似是而非，模棱两可。

（二）力求写出文采，让文字活起来，变得生动、活泼、可读

曾经和一位前辈讨论一篇教育学科的文稿。当我正琢磨用“研究背景、研究缘起”概括第一部分的研究内容时，前辈突然语惊四座：“社会转型催生教育改革。”这一表述，不说背景，却胜说背景。它与“研究背景”的内涵相似，可气势、立意却比平平淡淡的“研究背景”不知高明生动多少，还让“教育与社会，教育跟进社会变革的紧迫性”的大背景、总趋势跃然纸上。

困难在于，这种“活”文字，不是查字典能得来的，往往需要作者深刻理解后才能偶然获得。

（三）多用自己的语言

精彩的语言常常是反复思考后的灵感涌现，这方面，古代诗词案例众多。好的研究者要让自己原创的思想、独特的视野和个性的表达充分展示出来，没有个性的语言，是很难做到的。拼凑些教科书式的平淡文字，恐怕也不是优秀研究者的追求。教育研究尽管不是文学，语言不是核心要求，但

如果仔细阅读不同作者的文稿，细心的读者可以感受他们语言的差异。

（四）借用俗语或新词

为了恰当表达自己独特的思想或观点，有时借用俗语或新词是有效的办法。

这方面，社会新闻报道比较常见。比如，“蒜你狠”，指称蒜价大幅升高。教育研究方面总体不多，但也不少。比如，近年出现的“水课”（指称那些教师教学不认真、质量不高的课堂教学）、“中国式教育现代化”（从中国式现代化一词演化出来）、“双减”等。显然，这些新词能更传神地表达新意，更恰当表达当下的认识或观点。

要强调的是，这种造新词只是出于表达新现象、新事实或新思想的需要，不是为了使得文章显得高深莫测。

（五）简洁易懂

把思想简洁表达出来，是一种能力。有人建议多写，但这种办法不能算是有效的。没有认识到问题所在，多写仅仅是重复犯错而已，不能从根本上解决问题。

新手句子写得不简洁，首先是认识问题，即没有认识到其中有轻重缓急之分，什么都想往里面塞，写出的句子和文章自然就变成大拼盘，里面什么都有。其次才是技能问题，即不知道如何才写得简洁。

解决第一类问题，最好的办法是丰富阅历和深化认识。阅历多了，认识深刻了，就好像人爬到高山顶上，朝山底望去，各种边界和关系自然就清晰了，哪些重要，哪些不重要，哪些应该在先，哪些应该在后，都会“尽收眼底”。只是认识这些问题需要时间，很难一蹴而就。解决第二类问题，理想的办法是通过多写来增加阅历，以及得到专业教师的指导。

做到易懂，最简单的一条是多用通俗的语言，少用偏僻生涩的词语。“正如以奇装异服来吸引人注意是小家子气一样，言词也是一样；寻求新奇的说法或生僻的字眼是出于幼稚的小学教员式的虚荣心。”但是“朴素的写作是需要勇气的，因为那些顽固地认定读不下去的文章是智力的标志的人很可能会不屑一顾，认为它是头脑简单的产物”①，所以有些文章难读，不是它讲述的道理难懂，而是作者的自尊心在搞怪。

（六）删繁就简，去除冗余

有些人说话时，中间常会有意或无意地添加些“然后”，写作新手也常会在论述中夹杂不少闲杂文字，这些都需要删除。删除可有可无的芜杂表述，去粗取精，去伪存真。句句精华，字字珠玑，才可能让文章上水平、显精神，成就名篇

① 阿兰·德波顿.哲学的慰藉［M］.资中筠，译.上海：上海译文出版社，2020：190.

佳作。

删除不必要的修饰，是学术论文写作的规范要求。如刘良华教授提出的“零修辞写作”是个不错的建议，这里摘录出来供大家学习参考。他提出六条建议：第一，不使学术论文成为仇恨文学。写作中应尽量避免“无耻”“叫嚣”“暴露”“揭穿”“戳破”等词语。少用或不用“鼓吹”“宣扬”“散布”等词语。第二，尽量避免俗气的语言。比如，最好少用或不用“深刻地揭示了……”“无情地批判了……”等带有强烈价值倾向的表达；最好不用或少用“蓬勃发展”“高瞻远瞩”“伟大举措”等“大词”。此外，最好不在“说”“回答”等动词前加修饰的副词。第三，尽可能少用不留余地的修辞。最好少用或不用“最……”“绝对……”等词语。第四，尽量少用“毋庸置疑”“众所周知”等口语，显得装腔作势。另外，把“应该”和“是”严格分开，“应该是”属于口语，在学术语言中不具有合法性。第五，尽可能避免论断他人，尽可能少说“我们应该保持清醒的头脑，绝不……”之类的高姿态的话语。第六，尽可能少用或不用“我们认为”等主观表达，尽可能“让事实说话”①。

（七）语句通顺

语句不通顺比较突出的是，用“通过……”“在……下”

---

① 刘良华．学术研究与零修辞写作［J］．中国民族教育，2017（5）：14.

等介词结构贯穿全段；句子成分残缺不全，动宾结构不当；表述条理不清，主次不分，重点不明，以及啰嗦、平淡、乏味；等等。这些都需要修改。下面是个语句表述不通顺的例子。

▶ 案例2

随着以GPT-3.5为架构为大型模型语言ChatGPT和其他拥有庞大数据库、算力的人工智能生成内容技术产品的开源开放，再加人类反馈的强化学习（Reinforcement Learning with Human Feedback，RLHF），能在几十亿用户体量的训练下不断更新进化，充分体现了集体智慧。

这个句子缺少主语。也就是说，“谁”体现了集体智慧？读者不清楚。这样的例子在新手写作文本里还有很多。

（八）努力提高表达水平

表述清晰与否，用词是否准确有个性，上下文的逻辑是否经得起推敲等都反映着研究者的思考能力。深度思考、有见识的作者，其文字表述常常是精准到位、生动传神的。当然，精彩的语言不是好论文的全部，甚至只是形式美，但高水平的语言表达应是优秀的研究者追求的目标之一。古人提倡“文以载道”，但是没有好的语言，“道”何以“载”？曾经有外语老师外语口语表达很优秀，同事直夸“英文说得比中文还溜”，可中文的书面表达不太严谨。编辑部本想约他写稿，但因为这个原因项目也终止了。这个例子从侧面说明学术论文中文字表达的重要性。令人不解的是，这么重要的技能，为什么至今各大高校都鲜见开设相关课程？

事实上，要表达深刻的思想，好的语言常常少不了。通常思想比较深刻的学者，语言表达能力也相对较高。怎么解释这种关系？是因为思想深刻而使得语言表达变好，还是语言表达好而使得思想深刻？或者两者相互促进，相得益彰？对此目前还没有得到更好的解释。

语言是思想的外衣。流畅的语言是写作者必不可少的工具，这不仅仅是为了方便阅读，也是思想精进的表现。一部作品，如果思想和语言俱佳，那是值得尊重的。

而研究者往往不够重视语言。有些人即使从事博士后工作了，也还是不能把头脑中的思想流畅表达出来，确实可惜。文章因为不能表达而难以“得见天日”，对期刊和作者来说都是损失。

好的语言，不一定深奥。越深奥、越难懂，就越是好文章，这种说法显然站不住脚，这不是学术的本真。深奥的思想当然不能用儿童的语言来表达，但把思想深刻和艰涩难懂联系起来也是悖论。事实上，深刻的思想可以借助简单、通俗的语言表达出来，《乡土中国》（费孝通著）是其中的典型。他在此书中的语言都通俗易懂，是很多学问大家难以企及的。

六、牢 记 创 新

“创新不足、研究深度不够、研究方法简单、工作量或实例单薄、选题不合理、书写不规范不严谨。”[①]“创新性不足；研究思路和研究方法缺乏可行性；论文结构松散，逻辑性不够，未凝练出重点研究解决的科学问题；规范性不够，文字表达与编排问题较多。”[②]上述分别摘自山东大学和广东省学位委员会对硕博士研究生学位论文的抽检通报，第一条都是创新不足。这点出了创新的重要性，也间接指出了创新不足的普遍性。对学术研究而言，创新就是生命。创新实质上就是进步，就是超越前人。所以，没有创新就没有生命力。

也许新手会提出，那我研究一个没有人研究的问题，是不是就创新了？这样问，其实是对创新的误解。创新是很重要，但除了有新意外，研究还需要有价值，不论理论价值还是实践价值。所以，研究所要的“新”，不是唯“新”，而是有价值的“新”。纯粹追求表面的“新”，没有现实意义的“新”，大概也是不会被关注的。

所以，光有所谓的“创新”而没有应用价值的项目，也是不

---

① 见山东大学2018年12月发布的《关于进一步提升博士学位论文质量的通知》：https://www.chem.sdu.edu.cn/info/1209/12234.htm。

② 柴如瑾，陈鹏．研究生学位论文抽检，暴露了什么［N/OL］．光明日报，2020-04-16（10）．https://m.gmw.cn/baijia/2020-04/16/33743318.html.

值得推荐的。期刊编辑在海选论文时，常用“四新”作为标准。

（一）选题新

即要求研究主题有新意，与众不同。一是要求作者要站在学术前沿，相关选题的研究现状确实是目前学术界探讨不够的；二是要求论文结合时代需求。

获取选题新意的另一种办法就是善于从不同角度看问题。搞研究有时就像盲人摸象。事物本身究竟怎么样，大家其实都不知道。所以，大家都只是从不同角度来看研究对象，“横看成岭侧成峰”，这样每个人都能看到不同的秀丽风景。

举个教育学科的例子加以说明。近年来，ChatGPT教育应用这个话题很热。一般讨论ChatGPT的教育影响及其优劣势等，大概率会因没有新意而难以被期刊采用。这时不妨换个角度选题，也许就能打开不同的局面。比如，从教育教学环节角度选题，讨论ChatGPT的高等教育如何应用，讨论ChatGPT与教育公平、个性化学习、教师角色、作业、评价、教研等的关系，就可以引出很多新的选题。

这只是一个案例，教育研究实际可能还要复杂得多。有时角度很好，但可能会受到研究材料获得等的限制，难以落实、推进，也只能暂时放弃。

选题有新意的第三种思路，就是抓住研究的不同阶段选择有新意的题目。很多研究选题实际上有个推进的过程。比如，某新技术的教育应用，在起步阶段，一般讨论的是思想、理念、应用前景等，接下来可能是实际应用成效调研、师生反馈、评价以及应用之后的哲学反思，逐步推进。每个阶段都蕴含新的选题。

（二）内容新

即支持观点的材料有新意。内容指什么呢？一般来说，包括数据、事例、观点、材料分析等。这些也要有新意。很多经典选题能老题新做，历久弥新，因为它使用新的数据和材料支撑观点，展示新的发展。比如，随着信息技术的发展，教师技术素养要求也在发生变化，以前讲究教师会放幻灯片，今天可能要求教师会使用网络，以后可能要求会使用机器人等。因此，调查研究教师信息技术应用能力或素养，如果调查题目和形式不变，调查内容却需要根据这些能力的内涵的变化而更新，赋予新的内涵。

（三）方法新

即研究方法有创新。原来用哲学思辨研究，现在改用问卷调查等实证方法研究；或者原来用问卷法研究，现在改用质的研究等。研究方法的更新，常会导致获取资料的变更，得出的认识也会存在差异，因此也会受人关注。

（四）观点新

就是研究取得了新的结论、新的认识等。这方面在学术论文写作中往往显得弥足珍贵。事实上，很多研究者获得的研究数据、研究资料都是相同的，但是不同的研究者能从这些公开的数据中得出不同的见解，特别是能够提出有卓越见识的研究者，不容易碰到。这需要作者具有较高的学术领悟力，需要作者能结合数据、结合现实用适当的方法展开论述。很多研究者花了大量人力物力，但是得出的结论没有新意。

学术的“新”是无止境的，时代在进步，社会在变化，万事万物都处在日新月异之中，新事物、新现象、新认识都是无穷的。写作者只要勤思考并努力去探究，就可以找到创新点，并乐享其中。克里希那穆提曾说：“你基于你的才能、精力、经验和知识来思考，另一个人基于他的经验和训练进行不同的思考，所以我们都陷在这张思想的网中。”[①]因此，只要自己能够挣脱自己的网并进入新的网中，就开始迈步创新了。

创新一般有两条途径：一是实践，因为实践是生活和人的认识的来源；二是来自研究者的独立思考。所以，深入实践，多阅读，多反思、质疑，多参与交流讨论，可能是获得创新观点的可靠路径。

七、成果署名

《中华人民共和国著作权法》，以及中国科学技术信息研究

---

① 吉杜·克里希那穆提.狡猾的思想［M］.张春城，译.北京：北京时代华文书局，2022：6.

所与约翰威立国际出版集团合著的《负责任署名——学术期刊论文作者署名指引》[1],为学术论文写作中成果署名提供了参考:

> 署名权(Right to Claim Authorship)是学术论文的撰写者和实际贡献者所拥有的道德与法律权利,获得署名权体现学术共同体对论文作者身份的认可。……
>
> 署名条件(Authorship Criteria)的最低要求是同时满足以下条件,包括:(1)参与研究工作,在形成重要的创新性和实质性内容上有所贡献……(2)了解全部研究过程;(3)了解论文全文内容,认可付诸发表的论文最终版本的内容,包括本人和其他全部作者贡献的表述;(4)同意署名,认可署名角色和顺序;(5)同意承担署名责任。
>
> ……

此外,书中指出了署名顺序排列的依据,即主要按作者的贡献从大到小依次排序;书中还指出,通讯作者是在投稿、同行评审和出版各个阶段主要负责与期刊进行联络的人;等等。

但是,这些规定显然还是粗线条的,还可以再深入讨论。比如,署名条件的"实质性内容""有所贡献",这些表述的内

---

① 中国科学技术信息研究所,约翰威立国际出版集团.负责任署名——学术期刊论文作者署名指引(蓝皮书)[M/OL].[2023-01-03].https://kxjsc.njupt.edu.cn/_upload/article/files/76/02/2249d18d48d282c1a66ae4116571/255b818e-985b-4c30-b5e4-c8c6bc5090ec.pdf.

涵是什么？有没有确定的程度？领导参加课题作了讲话，算不算有所贡献？诸如此类，有时很难说清。

吴晓求教授说："我没有实质性贡献，不能署名。除非我写了一半，署上我的名是可以的，三个人合作必须完成1/3。要亲手写，不是说上几句话就可以的。有人说，思想是我的，所以，可以署名。既然思想是你的，你为什么不写出来？我听到一些老师说该文的思想是我的，文字是学生写的，这就是所谓的合作。我基本上不同意这种说辞。"①

吴教授的署名条件显然是高标准的，严于律己，让人尊敬。但要把它作为标准推广到普遍适用的程度则并非易事。

成果署名实际远比规定的复杂。原因有几点：其一，如何看待研究的过程？有的研究者把成果发表也作为研究过程的环节之一，因此导师发个电子邮件，为学生推荐发表期刊，也被认为参与了研究，署上他的大名似乎就"名正言顺"了。其二，如何定义贡献大小？按照成果写作篇幅多少衡量贡献大小显然有失公允，因此有的导师主张看思想或观点来源。如果文章主要思想或观点源自老师，导师就可被列为第一作者。但是，怎么才算主要的思想观点呢？怎么才算源自导师？常见的现实是，师生相互交流启发，有时甚至思想是学生先提的，导师只是认可发现而已。其三，有的研究者可能认为应依据研究工作付出的努力程度。但

① 中国人民大学教授吴晓求2022年10月26日在人大老校区礼堂"2022年人民大学新教师入职第一课"讲座实录。

努力程度是一种主观感觉，很可能的情况是，每个人都认为自己付出了超出别人的努力，因此很难界定。更可惜的是，有些成员为研究工作付出了极大的努力，但是这些工作对研究发现的贡献却不大。这也需要考虑。此外，有些导师出于其他目的（比如帮学生升博士、争取奖学金等），会带上研究生署名。还有些作者为讨好导师或领导，会署上导师或领导的大名。由此可以看出，署名看似简单，其实夹杂着认识差异、个人感受、利益、人情等非学术因素，成为难以说清的"江湖"。

对研究新手而言，可以提醒的是：第一，不管署名需考虑的因素有多复杂，署名还是宜按照研究成果的实际贡献大小排序。这也是学术研究倡导的做法。第二，合作研究启动前，事先最好向团队成员明确团队署名的大致安排。第三，成果投稿或出版前，所有署名作者应通晓文章的主要内容和观点，避免成果出版后惹出抄袭、侵权等不必要的争议。第四，很多机构认定合作研究成果时，多认可排名居前（第一、第二或第三）的作者。实际上，排名次序的先后有时很难完全反映出每位作者对该项成果贡献的大小及付出的多少，因此这种做法往往不利于激发团队的合作精神，容易挫伤团队其他成员的积极性。作为一个长期合作的研究团队，可以综合考量团队合作成果作者的排名，比如作为团队作者在研究成果的发表和会议交流时，居前作者可适当采取轮流的方法，当然也要参考每人的贡献值，以稳固队伍、鼓励合作，从而推动研究工作的持续开展。

第三章　标题：突出亮点

一、标题与内容

读者选择文献时，首先看标题。那些能引起他们兴趣的标题才会进入他们的视野。网络时代，标题的重要性更加凸显，主题鲜明的标题更方便读者在海量的文献资源中搜寻并关注到。

标题也是文章核心观点或内容的集中体现。如何拟定好的标题？可尝试围绕以下几个问题来拟定。比如，文章最有吸引力或创新性的地方是什么？最想告诉读者的是什么？现有标题能不能表达这些亮点？然后力求把这些亮点（有多个亮点，就用更上位的概念包含它们）或观点显现在标题上。这个过程反复锤炼几次，标题和内容大多能得到优化增色，变得更吸引编辑和读者。如果一个标题让读者或编辑看过就想放弃，那它就比较失败了。

提炼标题的过程主要包括两步：一是演绎，二是归纳。演绎是确保标题的核心概念在文章内容中得到充分（即突出重点）体现，通常是演绎到一二级标题；归纳是文章的一二级标题或核心观点能在标题里得到展示。采用这种“演绎归纳”双向驱动法来回修正（修改标题或者调整内容），直到内容和标题逐步对应，取得统一（图3-1）。

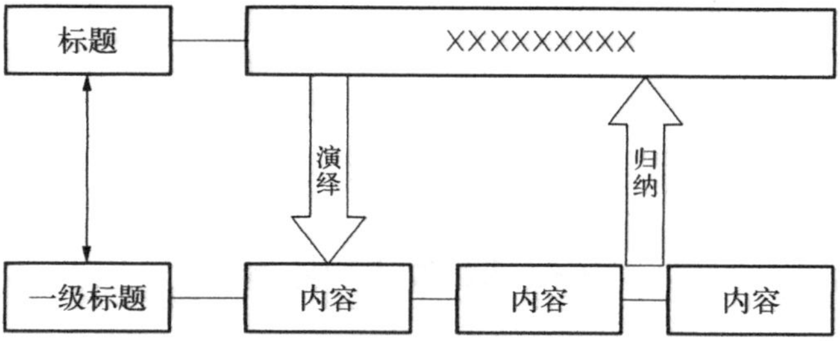

图3-1　标题与内容“演绎归纳”双向推进法

好标题的特点是简洁、明确、有内涵、有张力，能激发想象。“简洁”指标题通常不带虚词，比如“……中”“在……”等，常由专有名词、实词组成；“明确”指标题用词不会引发歧义；“有内涵”指标题可以引发读者思考，可让读者有不同的认识和理解，能激发读者探知和了解的欲望。

好标题可以通过文字锤炼加工获得，但更重要的来源是选题。俗话说，题好一半文。好选题才是好标题的源头和根本。好选题自带光芒，如果再加上文字的增色，就很精彩了。

实际写作中，新手们常见的有关标题的问题主要有两个。

（一）文不对题

文不对题主要指文章标题与内容在内涵上不一致。怎么实现两者的一致？办法就是利用上面提到的“演绎归纳”双向推进法：标题采用演绎路径向下推理，内容采用归纳路径向上提炼。两者不断调整，直到一致。这种办法也适合于各级标题与支撑内容之间的锤炼和调整。

（二）标题与内容外延不符

外延不符即标题意义所涵盖的范围大于或小于内容所涵盖的范围。若标题外延大于内容，那就是“头大身小”；如果标题外延小于内容，那就是标题不能概括内容，即“头小身大”。这些问题，如果作者应用上面的“演绎归纳”双向推进法，大多都能得到避免，内容一般也能得到深化。

显然，这些问题不是新手们故意犯下的。他们只是没有这方面的经验和能力，经过练习训练，一般都可得到明显提高。

二、标题表述形式

（一）提问式

即标题用问句的形式表述，以教育学科的期刊论文标题为例：

教学奖励提升教学质量吗？（《开放教育研究》2021年第6期）

高校如何提升学生评教效度?（《开放教育研究》2020年第1期）

批评思维真的可教吗?（《开放教育研究》2020年第6期）

什么样的失败才是成功之母?——有效失败视角下的STEM教学设计研究［《华东师范大学学报（教育科学版）》，2020年第6期］

“品德与公民”课程在多大程度上影响学生的国家认同?——基于澳门中小学生的实证调查［《华东师范大学学报（教育科学版）》，2022年第2期］

提问式标题的优点是尖锐、明快，给人冲击力大。但这种标题要求作者事先下一番功夫，反复斟酌研究问题，最后能把研究问题归结到某一中心问题上。一般来说，一旦确定好研究的中心问题，作者对文章的思路、逻辑、观点、概念边界和材料组织等问题也就把握得比较清晰了，这是因为整篇文章的谋篇布局都可在这一中心问题统领下展开。

这种标题的效果是好，但反问式标题要击中要点，激发读者共鸣。它如果模糊了焦点，与读者的关注点不一致，反而可能会被编辑或读者认为“小题大做”“虚张声势”，变得得不偿失。

（二）陈述式

这种标题最常见，它的特点是平淡，没有提问式标题有冲击力。然而，不是所有标题都适合采用提问式的。采用陈述式标题，它的要求大致如下。

1. 简洁明确

这其实是两个要求：简洁和明确。“简洁”即要删除各种非必要的虚词和介词，如“的、得、地、基于”等虚词和一些修饰性的形容词，保留专业名词类的实词，凸显关键词。“明确”就是不要引起歧义。比如《元宇宙技术教学研究》这个标题，作者的意思是探讨元宇宙技术怎么用于教学，以及教学的成效等问题，但读者也可以理解为怎么教授元宇宙技术。两者意思就相差很远了。如果把标题改为《元宇宙技术教学应用研究》，就比较明确，不会引起歧义了。

2. 突出新意

即将文章新意尽量通过标题反映出来，不落俗套，增强标题吸引力。

3. 平实，不带主观偏见

学术论文的标题要求平实，不带有强烈的感情色彩，特别是忌用报纸惯用的口号式、宣传式标题。

4. 尽量有内涵，不要过于浅显

比如，《开放大学五问》这一题目，表面上看很平实，但会激发读者的好奇：哪五问？问的内容是什么？为什么问？如果采用另一种方式，比如改为《开放大学评价策略（或路径）》，那么尽管里面包含的内容可能差不多，但标题的吸引力就会降低许多。后者显然不如前者有内涵。

（三）限制式

这种标题也较常见，它是陈述式标题的变体。它的主体其实是冒号后的内容，也就是说，冒号后面才是论述的重点。比如，《教师教育智慧学习空间：内涵、框架与实践策略》。这一标题前面部分是主题，后面才是文章要探讨的内容。也就是说，这篇文章要探讨的是教师教育智慧学习空间的内涵、框架和实践策略，不关注教师教育智慧学习空间其他的方面。

另外还有“主+副”式标题，副标题用破折号引出。这类标题很常见，这里就不再说明了。

不论采用哪种形式的标题，都要突出新意，将文章的新意浓缩在标题里，让标题有冲击力，都是作者需要牢记的。如果文章的新观点、新思想不能显示在标题里，而要请读者或编辑阅读正文后才能感受和发现，那这个标题显然不是成功的。

锤炼标题存在的突出问题包括以下几点。

（1）主题词不突出，也就是文章的亮点思想或观点没有凸显在标题中。

（2）介词、虚词太多，淹没了主题词、关键词的分量，削弱了标题的冲击力。这就要尽可能删除各种非必要的介词、虚词，如“在……中”“……的”等。

（3）中心不突出，也就是没有把文章的核心观点凸显出来。

（4）主观色彩明显。这类写法是新闻报纸经常采用的，学术期刊与新闻报纸不同，学术类标题强调中立、客观，文风平实，不要有明显或强烈的态度倾向。下面的新闻标题明显区别于学术论文的标题。学术论文的标题不倡导这种写法。

努力探索形成新发展格局的有效路径（《人民日报》，2020-08-25）

推动次区域合作拓展深化　打造水资源合作新亮点（《人民日报》，2020-08-25）

深入理解共产党人的崇高追求和使命担当（光明网，2020-08-25，https://m.gmw.cn/baijia/2020-08/25/34116332.html）

第四章　研究问题：学术为本

一、抓住学术问题

选择好的研究问题常常关系到研究的成败。“喜新厌旧”是学术期刊编辑的职业本能。以教育学科为例，新技术如MOOC（慕课）、元宇宙、人工智能、ChatGPT等在教育学中的应用受到很多期刊的关注，且从理念、应用、评价、反思等方面不断推进深化。

新技术教育应用也和很多教育教学领域对接，比如，智能时代的人才培养、智能化教学、智能化评价、智能化学习、智能时代的德育、智能时代的职业教育等；新技术还与某一阶段的教育对接，比如智能化时代的高等教育。这些都是新技术带来的教育研究新课题。与此相对，现在再写一般的在线学习方面的论文会难以引起学术期刊编辑的兴趣。需要指出的是，研究选题除要有“新意”外，还要考虑其他的因素。

1）研究结论的涉及面大小

一般来说，涉及面越大，研究价值越高。比如，翻转课堂大中小学都在用，反馈研究涉及所有的师生交互，有效失败研究是教育的有机组成部分，社会情感能力是教育需要强化的领域之一。这些选题都有很强的现实意义。

2）研究问题符合未来发展的程度

比如，强调综合解决问题的STEAM（跨学科主题课程学习）等教育理念，是分科教学背景下教育需要强化的主题，它是解决分科教学和现实问题的综合途径。智能教材是未来发展的趋势，也是网络驱动的教育未来发展大势。这方面的选题值得关注。

3）要有深度

教学设计、学习分析、教学评价等选题是传统的，一直都存在，选择这方面的选题就需要考虑如何深化，有超越才能体现出研究的价值。

4）要有创新

有些选题是常做常新、历久弥新的。比如，围绕信息技术设施建设应用现状、师生（分层）信息技术能力等主题的教育调查，可以随技术的发展、信息技术能力的要求不同而持续调查。

综合来说，对这些问题的衡量思考，其实就是教育选题的价值比较。需要指出的是，教育研究选题不一定要围绕中心任务（如中国式现代化、高质量发展）展开。

研究问题最需要关注的是学术性。“知识并非始于感觉或观察或数据或事实的收集，而是始于问题。”[①]很多新手知道研究要从问题入手、要有新意，但他们常常忽视研究问题的学术性，以为抓住某个没人研究的问题，就是有新意，就有价值，就可把它作为研究问题，却忽视了学术研究应该关注的是学术问题。

总体来说，研究问题大致可以分两类：一类是学术研究问题，一类是非学术研究问题。非学术问题突出表现为工作实践问题，比如面对难题需要的解决办法（怎么办，如何等问题）。这类问题作为研究课题，是可以讨论的。它可以作为政策或对策研究，但不建议当作学术研究问题，因为它只是为了推进工作而需要解决的问题。把实践问题作为学术研究这一认识差距，是用工作思维代替学术研究思维导致的。

（一）什么是学术问题

国家对学术论文的界定为："对某个学科领域中的学术问题进行研究后，记录科学研究的过程、方法及结果，用于进行学术交流、讨论或出版发表，或用作其他用途的书面材料。"[②]这个界定明确指出了学术论文的研究对象是学术问题。那么，什么是学术问题？这是研究新手需要弄清楚的。

---

① 卡尔·波普尔.通过知识获得解放［M］.范景中，陆丰川，李本正，译.中国美术学院出版社，2014：62.

② 参见中华人民共和国国家标准——《学术论文编写规则》（GB/T 7713.2—2022）。

按我国当代著名历史学家、哲学家庞朴先生的说法，学术问题，首先是一个是非问题。这一说法，好像大致点出了学术问题的核心，但还是不太好把握。浙江大学张应强教授说，学术问题是学术理论谱系中的问题。按照张教授的理解，研究者理解学术问题，先要理解什么是学术理论谱系，以及研究者脑中先要有一个理论体系。这对于资深研究者来说，也许不难，而对于新手来说，可能就不太容易把握。

那么，能否简单便捷地判断某一研究问题是不是学术问题以及学术性程度如何呢？主要看预期的研究结论能否增进我们的知识。如果它能够增进人们的知识，那么大致就可以把它看作是学术问题。这个简化标准相对容易把握，尤其对新手而言。比如，我们开展某一调查，预期结论如果可以增进我们对研究对象的认识，那就可以把它初定为学术问题。

当然，这里又涉及一个新的问题——什么是知识？如果人们对知识理解不深刻，满足于把知识等同于信息，又会导致研究问题深度上的差异等。因前面对知识已讨论过，这里就不赘述了。

（二）学术问题判断

依据以上观点，下面举例具体说明某一选题可否看作学术研究的标题。

（1）×××问题与对策研究

（2）×××的挑战与对策研究

（3）教师专业发展的机遇、挑战与优化路径

（4）人工智能驱动混合式教学模式的创新与实践研究

（5）浅析具身性教学的特征及其对英语教学的启示

（6）数字教材应用中教师角色转变的现实困境与应对策略

（7）利用元宇宙构建教育新生态

（8）试论未来教育的特点、理念及评价内容

（9）浅析具身性教学的特征及其对英语教学的启示

（10）人工智能驱动混合式教学模式的创新与实践研究

这些选题的特点是：① 偏操作性；② 最终得出的知识含量可能不多；③ 理论性不强。所以，这些选题大多不合适作为学术研究的标题。原因是这些标题关注的大多是“怎么办”“采取什么对策”“有什么建议”等。一句话，这些标题可能得出的预期结论是策略、对策或建议，它的重心是为推进工作而“出谋划策”，最后得出的结果大多为实践知识，不是我们希望的理论知识，因而不能算是严格意义的学术研究标题。“我们应该将实践知识理解为一种能力，做出某些行动的能力。对于实践知识，我们通常用‘会’或‘能’做什么来表示……”①

---

① 奥萨·维克福什.另类事实：知识及其敌人［M］.汪思涵，译.北京：中信出版社，2021：7.

这不是说不要研究对策、策略等操作问题，而是说学术要更专注于“是什么”等理论知识的问题。操作问题主要留给实践者思考。“是什么”问题没有研究清楚，“怎么做”“怎么办”问题也很难有可靠的解决办法，提出的办法大多是“头痛医头，脚痛医脚”的，像无根的浮萍。如果教育情境稍一变化，原来的办法或策略就难以应对了。

而且，很多研究者了解实践有限，他们提出的建议或措施，能否有针对性、可行性还是个问题。既然这样，研究者努力把“是什么”“为什么”做好，把“怎么办”留给决策或咨询人员思考和解决，这种分工可能更有利于研究者和实践者。事实上，“术”要做得好，需依赖于“学”，所以关键还是要研究“学”。

对于研究生来说，毕业论文的学术性是很重要的。尽量选择学术性强的研究问题，这对激发自身的学术潜力，促进自身学术成长，都是非常重要的，应该努力争取，不应随意敷衍应付。这不是说要弱化实践研究，而是强调要善于把实践问题转化为学术问题，也就是说，要善于从实践问题分析或转化出学术问题。这种来自实践的学术问题也更有生命力。

有人也许会说，这样说来，实践问题，比如策略、对策就不需要研究吗？我的看法是需要的。但它们不应看作学术研究。这些研究提出的对策、策略，可以看作是“意见”，而不是“知识”。

所以，这里又回到“什么是知识”的问题上了。如果把研究得出的策略、对策或建议也看作知识，那么把实践研究也看作学术研究也可以。所以，关键还是取决于怎么看待知识。采用广义的知识观，就可以更宽泛地看待学术研究工作。我把它排除在外，仅仅只是笔者个人的看法，大家可以讨论。

要说明的是，将研究问题分为学术问题、非学术问题、实践问题等，只是一种尝试，目的是引导研究问题朝学术方向发展。实际研究可能还要依具体问题而定。比如，学术期刊常有“论××”类文章。对这种文章不能一概而论。有些“论××”文章显然是针对时弊提出的，不能作为严格的学术论文，尽管它发表在学术期刊上。因为文章提出的观点早已有之，只是结合时弊加以强调或批评，并借此引发关注而已，不是提出新知。

各期刊对意见和知识认识的差异，也会在选文上体现出差异。最常见的就是把时政命题作为学术命题进行阐释。从教育类学术期刊发表的论文看，大致有三类。

第一类是提出教育思想的研究。表现为对教育问题的思考、哲学反思、总结梳理、评价等。这类研究总体来说是教育研究论文的主流。它提出了这些教育思想，但多为对国外教育理论的补充、解释等，或者是教育与其他学科的嫁接，如教育与哲学（存在主义、结构主义、解释学、现代与后现代主义等）、社会学、心理学、文化、技术等的嫁接，原创的教育理论或知识偏少。

第二类是实证研究（量的研究、质的研究）。这类研究总体数量还是偏少，且研究问题和研究设计俱佳的偏少，大多数论文是只占其一。

第三类是提出认识、见解、办法、意见（建议、对策等）的研究。突出表现在围绕“中心任务”进行阐释说明。这类论文主要是谈想法，作阐释，表达心声，说感悟和体会。但这不是学术研究的正统路径。

这三类论文反映出两种研究走向：一种是求知的，这主要表现在第一、二类研究，它遵循传统的认识论路径；另一种是献策的，这主要体现在第三类研究中，且偏宏大叙事，有明确研究问题的少。这两种研究走向孰优孰劣不太好说。学者显然偏好第一种，那是他们的本能；政府或决策部门显然偏好第二种，因为它有利于指导实践工作。综合来看，第一种偏向解决“是什么”的问题，第二种偏向解决“怎么办”的问题。如果能在把握了“是什么”的基础上提出“怎么办”，那么这种办法或对策可能会更可靠。

二、用问句表述问题

研究通常由问题引发。但实际写作中，出现以下情况不少：一是文章没有问题，仅以“有必要研究”等来搪塞；二是没有明确提出问题，不了解问题或矛盾冲突之处，常常以“还缺少研究”“这方面研究很少”来敷衍。

出现这种现象，原因可能是研究者阅读文献数量有限，对研究主题认识不深，没看清或抓住其中的矛盾点或矛盾关系，对问题的揭示不聚焦，针对性不强，在研究背景和研究问题之间不能形成严密的逻辑链条。

这种不足，有时还衍生出其他问题，比如难以深刻凸显研究问题的价值或意义，不能引起读者或编辑的兴趣。

人们常说，问题是研究的"靶子"。问题不清，或者没有问题，就会使得打"靶"不准。所以，我们常常建议研究者开篇能明确提出问题，并用问句表述出来。

用问句表述出来，这表面上看是形式的改变，其实是研究思路的深化。研究者在表述问题、提炼问题的过程中，对问题的认识往往会随之加深、明确。研究思路和操作步骤会变得更明确、更有针对性。

三、避免行政问题

上文已经讨论了实践问题和学术问题的差异，这里再次强调。混淆工作实践问题和学术研究问题之间的差别是常见现象。很多新手把现实生活或工作需要解决的问题，当作学术研究问题，这是一种混淆。现实生活或工作问题因为都是实践需要处理的问题，这里就把它统称为行政问题。

混淆行政问题和学术问题，原因是混淆了行政思维和学术思维之间的差异。行政思维考虑“怎么办”，学术思维关注“是什么”。

比如，时代发展给人们工作或生活带来各种难题。有些难题是新的社会发展形势催生出来的，有些老问题在新的社会背景下又呈现出新的样态或面貌。这些问题都要求人们提出解决之道。比如，进入信息时代后，新教师要具备哪些新的素养？社会进入老龄化后，老年人的精神生活如何才能更丰富和充实？这些都是时代发展提出的新问题。

这些新问题中，有些是工作性的，有些可以作为学术研究问题。工作问题以处理问题为主。“怎么办”“有什么好建议”“有什么好办法（策略）”等，是这类工作常常提出并进一步思考的。认为只要是问题就可以作为研究使用，作为论文选题，这就模糊了两者的界限。两者虽然同名为“问题”，但性质有差异。

这种差异的模糊不清导致新手们常把行政或工作问题作为研究选题，体现在选题上就是出现大量策略研究、对策研究、问题与对策研究等，也常把调研、参与和了解实践中遇到的问题不自觉地带入学术研究中，有的甚至作为毕业论文的研究选题。这种选题的不足在于：一是研究问题的学术性张力不大；二是提出的办法或对策往往不太可靠，难以让人信服。

行政思维主导的研究可以简化表达为：问题—对策研究、问题—建议研究。也就是说，这种研究目的是解决实务问题。学术思维关注的是“是什么”，着重探讨事物的性质、发展、缘由等。有些论文选题学术性不强，很重要的原因是受行政思维的影响。

研究问题是期刊极为关注的。编辑选稿时，往往会考察研究问题是什么，以及判断研究问题的意义和价值、创新程度等。期刊审稿单能体现这一点（表4-1）。

表4-1　审稿单（示例）

稿件标题	
审稿意见（请围绕研究选题、研究内容、研究方法、创新之处、修改建议等展开）	

四、关注重要问题

“你写的期刊不要，期刊要的你没有”，一位期刊主编点出了编学之间的矛盾。对于作者来说，这是让人极为沮丧的话。作者们都希望把自己千辛万苦写出来的“宝贝”有朝一日能够公之于众，而不会被编辑压在废纸堆里。但往往事与愿违，许多作者的论文还是会被编辑拒之门外。

造成编学矛盾的原因之一是作者选择的研究主题和编辑

感兴趣的主题之间有差距较大的错位。而解决这个矛盾并不是说让作者迎合编辑的口味，或者说编辑出题让作者写。编学两者都可自由选择：作者有很多期刊可以投稿，不必在某一期刊上“吊死”；期刊也有很多作者或文章可以选择。在论文写作的新手看来，编辑一方似乎略居主动，这其实只是个误解。期刊也需要满足读者和社会的需要，才能获得更多读者的关注；相反，期刊如果不能满足社会的需求，就会被读者和社会抛弃。期刊或文章的被引数据是能否满足社会及读者需求的表现之一。所以，期刊选题也受社会和读者需求的牵制。

很多作者经常也发来令编辑感到意外的好文章。所以，作者不必受限于期刊公布的选题而进行写作，作者自己审时度势，提出自己的选题，写自己的文章，搞自己的研究，才是研究的正道。

对期刊来说，好的研究选题应能对当下紧迫的社会现实问题（包括教育现实问题）做出学术回答。这当然是一种理想状态，但是，编辑常把它作为衡量研究问题的尺度和标杆。因此，编学之间如何实现统一？如何在相距的某一点相遇？我的答案是关注理论或实践的重要问题、前沿问题。这类问题既是作者关注的，也是编辑关注的，二者最可能在此“相遇”。

什么是重要问题？其含义之一就是对社会影响大、影响深的问题。前者指影响面广，比如不同人群，或者不同地域都普遍存在；影响深指这一问题是关键点或基本点，它能“牵一发而动全身”，有推动全局的重要意义。

什么是前沿问题？这大致可以理解为代表未来发展方向或趋势、既有理论方面的也有实践方面的问题。理论前沿常来自国内外同行，实践前沿常来自国家政策和教育实践一线。

好的研究问题从哪里来？对教育研究来说，是教育实践和社会教育需求。社会现实是各类研究的生命力所在。任何一本书能成为一部名著，很重要的一点就是它总是与社会现实紧密关联。即使远离研究正统的科幻或鬼怪小说，也需要以现实为参照或摹本。研究更是如此。社会实践是研究者和期刊都关注的，期刊必须服务于社会实践。研究的目的是了解实践、改进实践，并最终引导实践，研究的认识和结论也要由实践加以检验。所以，联系实践、改进实践，是研究的重要功能，贴近实践的研究才有生命力。

因此，多从社会实践中选择研究问题，是编学对接的重要途径。从实践中选题，一是要关注社会实践的新动向、新问题，比如教育学这类实践性强的学科的研究更应关注教育实践；二是要关注教育实践中的难题，特别是普遍存在的、长期存在的难题，这些更容易引发人们的关注。

以教育学科研究为例，我国从教育实践中选择研究问题的文化和氛围还不太强，没有形成传统和风气。从实践中选题，需要研究者走进实践，走进学校、课堂，这往往是不容易做到的。比如，研究者需要和学校打交道，需要教师配合，需要克服舟车劳顿之苦，等等。因此，很多研究者宁愿坐在电脑前收集数据作为研究依据，或者做些文献计量等统计、分析的工作，也不愿意进入教育现场，了解真实的教育世界。

目前比较流行的做法是采用Citespace等文献计量方法，收集文献，分析研究的主题、热点和趋势、作者分布等。这种研究方式尽管可以收集不少文献，获得文章关键词或者文献词频统计等数据，但作者由此获得的结论显然是表面的、肤浅的，没有深入文献的核心观点。

有些研究者还用文献计量的统计报告替代文献综述。二者表面看来相似，实质很不一样。前者实际上并没有通读文献，而仅仅是对文献作表面的数据分析和处理，这样的“文献综述”其实是徒有其表。

面向实践的另一条路径是关注课题指南。政府课题指南可以看作政府施政时力图需要解决的问题，这些问题大多是以实践为导向的。2022年教育部办公厅发布《教育部哲学社会科学研究专项（党的二十大精神研究）选题指南的通知》，其中列出的教育研究课题，政策性导向明显。比如：教育、科技、人才在全面建设社会主义现代化国家中的基础性、战略性支撑作用研究；教育优先发展、科技自立自强、人才引领驱动一体推进的内在逻辑与实现路径研究；全面提高人才自主培养质量研究；育人的根本在于立德的理论与实践研究；加快建设高质量教育体系研究；推进教育数字化研究；等等。

有些作者接触社会现实的条件有限，那么研读文献也是选择研究课题的一条路径。研究者阅读文献时，时刻保持反思状态，多问些“是什么”“为什么”，这对于激发研究问题、深化研究问题是有好处的。

以教育学学术研究为例，研究者从阅读文献中选择研究问题时，这些文献可以既是教育类的，比如教育专著、教育学论文、教育研究课题、各类教育文件、教育研究课题指南等，也可以是非教育类的，比如国家事业发展规划和政策、哲学、社会、心理学等书籍，它们也可以让研究者得到启发或感悟，从中探讨教育的意义。

以笔者自己的阅读经历为例，在阅读教育研究方法时，笔者看到一句话：现象学、人类学是扎根理论、教育人类学的基础。这就启发我思考：什么是现象学？受这一思考的启发，后来形成了毕业论文的题目《教育研究的现象学视角》，这篇论文着力探讨现象学方法是什么，以及如何在教育中应用它。这样的启发还有很多。比如，阅读文献时看到“二十世纪后，功能主义异军突起”。那么，什么是功能主义？它对教育有什么影响？这一思路也许可以启发我们探索教育功能主义相关的研究课题。

下面这段文字也是从阅读文献中选题的例子。这段文字的前面部分阐述的是新技术应用带来教育的新变化，最后提出它将重塑教育生态系统。那么，新的教育生态系统如何重建？新的教育生态系统呈现出来的面貌是怎么样的？与原有的教育系统有哪些不同？重建的路径是什么？如果研究者在阅读中思考这些问题，那么新的研究课题也许就呼之而出了。

▶ **案例3**

通过智能辅导系统进行学习资源的精准推送，解决学生个性化学习问题；基于机器学习算法，深入挖掘学生学习过程的认知、情感、行为数据，构建学习者画像；利用智能虚拟现实技术构建情境化课堂，通过人机交互技术对学生的学习过程进行实时和智能的反馈；基于人工智能技术创建包含教师智慧、机器智能、协同教学和学生智慧等要素的人机协同课堂教学模式，实现课前智能诊断、课中“人机”助学、课后精准评价。总之，人工智能作为一种中介功能的技术，已经开始改变和重塑教育生态系统。

另外，交叉学科也是选择研究课题的重要途径。比如，智能时代的教育评价，这是个重要问题。但是，懂技术的研究者，一般不懂教育评价；来自教育评价的研究者又大多不懂技术。所以，如果这两者能结合起来，就可以提出新的选题，产出新的成果。这一点在当下尤其值得关注。因为人类社会的运作逐步以网络为基座，教育也逐步步入数字化世界。把传统的教育教学环节，与技术进行“嫁接”，发挥技术在传统教育教学中的优势，是当下教育研究的重要课题。从事实看，这类选题方式也有不少介绍，这里不再详述。

第五章　开头：激发兴趣

论文常有清晰的结构，有些论文会清楚标示出来，有些论文则不明显标示，而是隐含在文中。所以，学术论文结构有时比较灵活，不能一概而论。为了方便叙述，下文把它拆分成开头、中间、结尾等分开讨论。

文章开头又称导言、引言等。开头之所以重要是因为读者和编辑都是从头开始阅读的。那么，怎么开头比较合适呢？

林聚任归纳了导言写作的三种方式：直述式、悬念式、结论式三种①。但从刊发论文来看，论文开头事实上多种多样。为了便于分析，下面归纳了七种开头的写法，其中前面两种来自卢乃桂老师。

---

① 林聚任.社会科学研究方法［M］.济南：山东人民出版社，2017：302.

一、常见写法

（一）开门见山

这种写法的特点是：单刀直入、开门见山，尽快告知读者文章研究的问题是什么，避免啰嗦。下面两篇文章的开头中，第一篇直接切入主题——教师专业化及争论，没有过多纠缠背景，让人耳目一新。

▶ **案例4**[①]

有关教师专业性的大部分研究，在一定程度上受到了霍伊尔（Hoyle）关于“professionalism”与“professionality”两个术语之区分的影响。在他的观点里，前者指“职业成员提升其地位，工资与工作条件时运用的策略与辞令”；而后者则是“教师在教学过程中运用的知识、技能与程序等”。透过分析有关何为教师专业性的诸多争论，越来越多的研究者指出，很难对以上两个概念做出明确区分，因为教师组织、政府等运用的与地位、薪水等相关的策略与修辞，往往首先与教师在教学过程中运用的知识、技能与程序联系在一起。就此而言，与其徒劳地区分它们，不如在专业性（professionalism）的概念中包括前述两个

① 卢乃桂，王丽佳.教育改革背景下的教师专业性与教师责任［J］.教师教育研究，2013（1）：1–5.

术语中的所有声称与争论。由此，教师专业性（teacher professionalism）的概念在学界逐渐得到认同与使用。

▶ 案例5[①]

随着教育改革的不断深入以及全球化、市场化等学校外部环境的剧烈变化，学校愈来愈需要与各界协作来共同提高教育质量。（大背景）从20世纪80年代中期开始，学校之间、学校与企业、学校与社区、学校与大学的协作都得以快速发展。其中大学与学校的协作尤其成为重点关注的话题。（研究主题）参与学校改革，通过协作提升学校教育质量已经成为院校协作的重要方向。院校协作牵涉诸多问题，其中两个问题是比较基本的，即，为什么要通过协作进行学校改进？院校协作在学校改进中具有什么功能？（研究问题）对这两个问题的回答将有助于更深入地理解和把握院校协作。（研究意义）本文将从院校协作进行学校改进的背景出发，对院校协作进行学校改进的原因和功能进行探讨。

这篇文章中，第一句写背景，第二、三句交代研究主题，第四句开始交代研究问题。整个开头节奏明快，表述简洁。

---

① 卢乃桂，张佳伟.院校协作下学校改进原因与功能探析［J］.中国教育学刊，2009（1）：4.

（二）提纲挈领

这种开头写法类似摘要，交代了全文的核心内容，包括文章研究的缘由、问题、研究方法、过程、主要内容、研究发现和建议等。它的好处是，读者开头就能了解把握全文的梗概。

▶ 案例6①

为了促进大学教师的流动、增强高校竞争力，中国自1993年开始在高校逐渐推行教师聘任制改革。（研究缘由）与之相应的大学教师考核、评价和晋升机制也在逐步进行配套改革。受到这一系列制度变革的影响，作为高等教育核心的学术工作呈现出新的特点和趋势。本研究主要关注以下三个问题：（1）在新的聘任制改革下不同层次高等教育机构的学术工作呈现出什么特点？（2）不同学科教师的学术工作呈现出什么特点？（3）不同职位教师的学术工作呈现出什么特点？（研究问题）为了回答以上问题，本研究采用量化研究与文本分析结合的研究方法。量化研究部分，采用分层随机抽样的方法向9所高校的大学教师发放自编问卷，回收有效问卷1 771份。（研究方法）9所高校包括3所“985”高校、3所“211”高校和3所普通高

---

① 卢乃桂，李琳琳，黎万红.高校教师聘任制改革背景下学术工作的分层与分割［J］.高等教育研究，2011（7）：7.

校。样本教师分别来自文、理、工、商四个学科领域，其职称分布包括了教授、副教授、讲师和助教四个职称类别。文本分析部分对国内6所高校的聘任制文件以及近期报章上有关高校教师工作的报道进行分析两种研究方法所得的数据可以进行比照政策文本，为调查数据的解释提供了背景依据，调查数据更明确地体现了政策文本的实施情况，报章报道进一步补充说明了政策实施对学术工作的影响。本文首先对学术工作的相关讨论和观点进行回顾进而分析我国聘任制改革背后的思潮与逻辑。研究发现部分具体阐述了三种分割与分层的现象得出研究结论，最后对这一现象背后的潜在逻辑以及可能产生的影响进行分析回应学术讨论并提出政策建议。（研究发现与建议）

（三）揭示矛盾

论文开头一般需要揭示“矛盾”“冲突”或“差距”，差别只是深刻程度不一。这种“冲突”可以表现为理论的、理论与实践之间的，也可以是观点或操作上，或者是成效或结果上的。理论冲突指不同理论观点之间不能吻合，出现矛盾说法或逻辑，由此提出研究问题。理论与实践之间的冲突常表现为理论难以解释实践，尤其表现为实践做的和理论说的不一样：有时实践与人们的常识冲突，这或许是常识不对，或许是实践需要“纠偏”；有时是实践走在理论研究之前，原有的理论难以解释新的实践，需要建构新的理论；等等。这些都可以提炼出来作为学术研究问题。

一般来说，这种“矛盾”“冲突”或“差距”越大，反差越激烈、越鲜明，研究问题就越有吸引力和生命力，越能引起读者或编辑的兴趣。

► **案例7**[①]

若干年前，众多学者们还在以笔墨描绘21世纪可能带来的新变化和新挑战。如今21世纪的新景象开始清晰地呈现在我们面前，变化之剧烈、挑战之复杂远超我们在世纪之初的想象。虽然我们在诸多领域不断实现知识增长和技术创新，人类社会所面临的新问题和新挑战却层出不穷。从环境污染、气候变化到全球瘟疫以及国家与种族之间的冲突，这些问题都高度复杂且不断演化，每一个问题的解决往往带来更多新的问题的出现。在这些重大问题和挑战面前，人类拥有的集体知识显得尤为不足，即便是各领域中的高水平专家们也都没有明确的答案。正如著名学者托马斯·霍默–迪克森（Homer-Dixon, 2000）所指出的，21世纪人类面临的最大的挑战是如何应对知识需求与知识供给之间不断拓宽的鸿沟。（详述研究背景——社会背景，点出社会挑战与知识应对之间的冲突）

在此背景下，世界各国都致力于深层的教育改革，调

① 陶丹，张建伟.创造性知识建构：课堂组织与技术支持［J］.开放教育研究，2022（3）：4–17.

整教育目标、内容和方式，将知识创新与问题解决能力的培养作为学生的核心素养（Ahn, 2012；Morin, 1999；OECD, 2008；Trilling & Fadel, 2009；Wagner, 2012）。这些改革试图将高水平思维、问题探究和协作创造活动整合到课程内容与教学过程之中，并以创新的技术和学习环境来支持这些学习和教学方式。（国际层面）自本世纪初，我国也启动了新一轮课程与教学改革，将创新人才培养作为重要目标，推进协作式、探究式教学以及研究型学习。到目前为止，协作探究式学习已经在中小学课堂中逐步开展。（国内层面）然而，目前课堂中所实施的探究多以教师规划的探究任务为主，往往"有形少实"（裴新宁&刘新阳，2018）。（点出矛盾，这个矛盾就是"有形少实"。协作式学习的本意是要激发学生的主体性和创造性，而到实践上却是照着老师规划的路子走，还是教师主导的，学生难以发挥主体性和创造性，协作式探究最终流于形式）如何在教学中实现更真实、动态的探究，发挥学生的主体性和创造性，这是教育研究者需要解决的一个重要问题（Duncan & Chinn, 2021；González-Howard & McNeill, 2020；Gutierrez & Barton, 2015；Ko & Krist, 2019；Miller et al., 2018；Tao & Zhang, 2021）。（小背景——教育内部矛盾）

在本文中，我们将围绕以下两个重点问题探讨创造性探究及其在课堂中的设计和实施方式：1）什么是创造性探究？我们将以知识创新和知识建构共同体的相关研究为基础，分析创造性探究的特征及实施挑战。2）如何在课堂中设计和支持创造性的探究过程？基于近期开展的一系列课堂研究，我们提出了创造性探究的动态组织和引导方式，同时介绍了这一方法的核心要素、技术支持和课堂实践。（提出研究问题）

这个开头的特点：一是视野宽，从时代发展过程中国际社会出现的变化入手；二是研究内容不生僻，是大家关心的，能激发读者共鸣；三是从研究背景到提出问题，各环节衔接自然。文章首先从全球冲突写到国内，其次从社会冲突写到教育应对，最后带出研究问题。

（四）颠覆常识

这种写法可以说是前文所提矛盾法的变种。它可以从批评常识、批评当下实践等入手，进而引出自己的主张。这种写法很吸引人、让人震撼，是创新的一种极端形式。但这种批评需要合理，能引发读者共鸣。

这些写法虽然效果好，但不容易写。要突破人们的认知，提出新的见解，并不是人人都能做到，时时都能做到的，所以比较鲜见。下面的例子供参考。

▶ 案例8

在新自由主义主导的全球教育改革运动中，以追求竞争、绩效与数字化督导为主要政策杠杆的教育政策，往往采取“结果导向”的发展策略。（指出常识）遵循此逻辑，国际上主流的教师专业学习模式主要受“过程—结果”思维的驱动，忽略了多重政策情境对教师专业学习与实践的影响，导致不少大学教师培训项目仍将教师视为向学习者传授知识的专家，将学习视为一个“银行储蓄式”的被动参与过程，在根本上认为学校教育、课程和教学本身是非政治化的。这种思维的弊端突出体现在以少数族裔群体为代表的教育问题上。（指出导致的不良结果，暗示需要引入新的路径）虽然目前教师教育领域呈现出深刻的“实践转向”，并兴起了触及多个学科范围的“核心实践”与“专业资本”运动，但是教师专业实践运动的潜在假设仍然摆脱不了占主导地位的“文化脚本”的宰制。缺陷视角下的教育研究揭示低收入家庭与少数族裔文化背景学生所拥有的知识储备与身份储备未得到充分利用，最终遏制了以学习者为中心、文化回应教学体验的可能性。

说明：本文开头指出循照常规的教师专业发展模式，并揭示它导致的不良结果，进而暗示需要引入新的办法。

（五）理论开头

以理论开头在研究理论的文章中比较常见（见本节案例2）。这种开头法一般直接切入理论，剖析理论发展脉络、核心内容、主要流派、差异比较、存在问题分析等，之后引出研究问题。

这种开头法存在的问题在于：① 对理论发展脉络梳理不清晰；② 理论观点梳理变成观点罗列。出现这些问题的原因在于，新手对理论观点发展把握不深，了解不够。这也意味着，采用这种方法往往要求研究者需要熟悉理论，有较强的理论基础。

► 案例9①

研究者发现，学习者情绪状态的变化与环境因素有很大关系。技术、课程和人际交互都是影响远程学习者在线学习情绪的重要因素（张馨邈&赵宏，2017）。奥里根（O'Regan K.）通过访谈11名成人远程学习者来研究在线学习环境与学习者情绪之间的关系，研究发现，学习者结束一天忙碌的工作后进行在线学习时，如果课程平台不稳定，出现崩溃或是网页不能正常跳转的话，学习者会产生挫败感，降低在线学习的兴趣（O'egan K，2003）。沙勒（Schaller）研究发现，学习者登录课程平台学习时，如果无法方便快捷的找到相关学习网页，就会产生挫败感（Schaller D. T. et al.，2002）。

说明：这篇文章开头直接点出学习者情绪状态的变化与

① 兰国帅.探究社区理论模型：在线学习与混合学习研究范式［J］.开放教育研究，2018（1）：29-40.

环境因素有关系，然后逐步阐述研究已经取得各种关系，进而揭示其中的矛盾，引出研究问题。

▶ 案例10[①]

远程教育学者认为，探究社区（Community of Inquiry，简称为CoI）理论是在线学习环境中的一个有效的学习框架（Akyol & Garrison, 2008；Shea & Bidjerano, 2009）。CoI框架反映了在线学习探究的动态特征，并为在线学习和混合学习领域的研究者提供了有效指导，能够帮助他们探索如何在线创建知识建构学习社区，并显著影响学生的学习过程（Rovai, 2002；Shea, 2006）。

（六）现象开头

这种开头法主要是从各种社会现象入手，进而归纳提炼出学术研究问题。它的好处是容易引发读者共鸣，难点是难以由社会现象归纳出好的学术问题。论文开头援引的现象可以是某个事件或某些事件，也可以是当地的或者是国际范围的。它最好是广为知晓，或者覆盖面比较广的，从而能引起读者的共鸣和同感，激发对研究问题的关注。

常出现的不足是，研究者虽然了解现实或实践，但能够

---

① 兰国帅.探究社区理论模型：在线学习与混合学习研究范式［J］.开放教育研究，2018（1）：29–40.。

把理论与实践结合起来深刻描述社会现象，进而提出有深度的学术研究问题的不多。大多数研究者只能就现象说现象，不能从人的发展角度，从社会需要角度，归纳出有深度的学术问题。理论研究者学术功底好，却常对教社会现实了解不深，提出的研究问题现实针对性不强，不够深刻，隔靴搔痒。

这个现象描述可以是具体细节的，也可以是概括的。它的作用是引子，帮助引出问题，因此篇幅不宜过大，免得喧宾夺主。

（七）政策开头

这种开头方法比较简洁，能快速引出研究问题。它直接以政府颁发的相关政策开头，由贯彻国家或省市的政策而引出探讨的研究问题，摆出研究的价值和必要性。

▶ 案例11①

2015年9月国务院印发的《促进大数据发展行动纲要》明确提出，“数据已成为国家基础性战略资产”，正式确立了数据成为继物质、能源之后的第三大战略资源的地位。《国家教育事业发展“十三五”规划》指出，要“利用大数据技术开展对教育教学活动和学生行为数据的收集、分析和反馈，为推动个性化学习和针对性教学提

① 徐峰，吴旻瑜，徐萱，等.教育数据治理：问题、思考与对策［J］.开放教育研究，2018（2）：107.

供支持”。数据作为信息化的基石被各级教育行政部门和各类教育机构越来越重视，经过数十年的积淀，我国现有的教育数据也可谓海量，但由于数据治理的缺失，目前这些数据还存在着各种问题。

这种开头写法，一般逻辑清楚，目的明了，但略显枯燥浅显，因为这类文章讨论的主题就是贯彻落实政策。政策刚性强，讨论空间不大，大多只能是讨论既定规则的落实与实施。这种开头的不足是作者常会罗列大量文件，由国家文件衍生出省市文件，再衍生出区县文件，层层加码，难以激起读者的阅读兴趣。如果作者由顶层文件切入，进而带出为落实文件精神引出的研究问题，效果可能相对较好，较有说服力。

比较起来，后三种写法主要是从内容方面考虑的，三种之间各有优劣（表5–1）。

表5–1　开头写法比较

开头法	优　势	要　　　求
理论开头	有深度	需要理论功底
现象开头	生动，容易引起共鸣	需要作者了解理论，了解实践；文字表达能力较好
政策开头	实用，有较强说服力	需要作者挖掘深度

上述七种写法中，前面四种是从特点入手的，后三种是

从内容分析的。这样分类的目的是便于分析，实际写作中，多种写法很可能混在一起，只是侧重点有所差别。比如，现象和理论开头就经常结合在一起使用。

显然，上面开头写法的总结是粗线条的，还有更多写法没有归纳其中。在各种写法中，有三点需要强调。一是要贴近读者的知识水平、经验阅历、关注点等，激发读者、编辑的共鸣。太浅显，会被看轻其价值；太深奥，会被批评不知所云。因此，多从身边的现象或事实或轶事入手，会更吸引读者的注意力，进而提出深层次的研究问题，或者有新意的研究问题。总的思路是由已知到未知，即从熟知的事实或现象入手提出人们鲜少关注的新问题。这也是写作人性化的表现。二是要尽快展示出新的观点或研究思路。过多铺陈旧的内容或观点会使读者和编辑失去阅读的欲望。三是要单刀直入、开门见山，尽快告知读者文章将研究的问题是什么，不要绕来绕去。

新闻报道的开头大多采用倒叙法，就是把最重要的、最精彩的内容写在前面，后面再叙述事情发生的原因、过程、参与人员等，其目的也是吸引读者。学术论文写作不妨借鉴这种写法，但要适度，过犹不及。

二、要避免的写法

新手写作时，开头还常出现一些不正确的写法。

（一）以国外研究作为立论依据

比如，美国组织开展了教师评价，中国还没有开展，所以中国也要开展教师研究。对于这种论证，其本质逻辑就变成为：国外有的，中国也必须有；或者反过来，国外没有或较少的，中国则需要开展研究。这样的逻辑显然不对，是站不住的。因为教育行动以培养人才为旨向，不能以国内外是否已经展开相关的研究作判断的依据。

所以，这篇文章立论的依据就应该换个说法。比如，这个评价是教师发展或人才培养本身需要的，开展评价会有什么好处，不能忽视，如果忽视了，就可能带来差距等。而且，美国（再如欧洲）已先行一步，他们这样做确实带来了一定的益处，那我们也需要抓紧研究。这样论证的逻辑，才合理可靠。

（二）以领导发言作为立论依据

一些文章常以领导讲话作为论文立论的依据。因为领导提出了某种指示，所以要重视，要推进。领导（各种层级）显然能指示国家（或某一区域、单位）未来发展的政策重点和走向，但是我们还要指出，要以社会发展的方向和潮流为指向，这是合理的。领导人站位高远，他们的意见常常是根据社会发展潮流和很多调研提出的，有很大指导性。但如果颠倒过来说，因为领导的指示，所以要研究要推进，这种立论就有点片面了。

（三）以某个观点或理论在其他学科等应用作为立论依据

某个观点或理论应用于其他领域效果良好，所以作者所要研究的领域也要用。这种立论依据也是值得思考的。它的逻辑和第一种的理论逻辑相似，也就是说，别的学科用了，本学科领域也可以用，并且需要用。这个逻辑显然也是不成立的。立项依据应该是，指出这种观点或理论对解释本研究领域发展有直接作用，然后再得出需要重视、需要研究探索的观点。

（四）不够直接

新手开头常出现的问题是“绕”。什么是“绕”呢？它的意思就是作者在背景和研究问题之间，没有建立明快、直接的联系，而是“塞入”很多不太必要的内容。比如，开头的目的其实是要提出A，但是新手作者常先说B，然后说C，或再说D，最后才联系到A。这就有点绕，像是在原地兜圈子。

开门见山，就是从B直接说到A，明确指出它们的联系。所以出现“绕”这种问题，主要是因为新手看不清各因素之间的关系，分不清各因素的轻重主次，胡乱混一起，然后把它们胡乱表述出来。

（五）避免罗列

包括罗列文件、罗列现象、罗列事实。有些作者为了强调或突出某一观点，常从不同角度罗列事实、现象等。这是没必要的，也是不老练的表现。记住，你知道的，别人也知道。没有必要的重复，只会让人失去耐心。

（六）避免套话

要记住，学术文章的阅读对象是专业人士，他们熟知专业领域发生的一般事实和现象，不用作者再反复强调。所以，套话少说，直接上“干货”，作者要能用新颖的思考和想法吸引住读者，这才是更明智的做法。

（七）研究问题不明确

突出表现在：① 研究背景写作过多，问题及其表现阐述不多；② 把发展现状当研究现状；③ 提出研究问题不明确，仅仅简单指出：本研究很有必要；等等。

事实上，学术论文的开头大都是引导性的，主要是交代研究的背景、缘由、问题、意义或价值，把读者思路引入其中。写背景的目的是带出问题，在什么背景下研究问题，目的是突出研究的必要性。一般来说，背景要简写，引发问题的矛盾及其现实表现是重点，要详写。

没有明确的研究问题，文章就会缺少中心。前面已经提到，研究问题最好能用问句表述出来。这样做，不仅是出于形式的要求，也有实际价值，即研究者通过采用问句形式，可以明确研究思路，理清研究问题。最突出的表现是那些以问句作为标题的文章，它们的问题和思路都相对清晰。作者在高度提炼出标题——中心研究问题的过程中，把思维、观点和立场梳理得更清晰了，从而使文章的研究过程和表述就在这一中心研究问题的布局统领下展开，这应该是主要原因。

人们常说："语言是思维的外衣。"很多文章标题或论述出现混乱模糊，表面上看是文字问题，实际的原因是作者对研究问题思考得还不够，"脑中还是一片糨糊"。

总体来说，文章开头是很重要的。编辑或读者大都从头阅读文章。开头不够吸引人、无味、啰嗦，结果使得一篇好文章被搁置一边，那不是很可惜？

开头置于文章最前面，但不一定最早写，可以依据个人写作习惯而定。比如，根据提纲先写最熟悉、最容易的部分，然后逐步推进。在写作顺序上，开头也可以最后写，因为它是全文的总括。

不论写作顺序如何，突出矛盾，引出问题，这是需要的。怎么突出矛盾，怎么引出问题，不仅仅取决于写作技巧，实际上也反映了作者对研究问题的意义、价值、影响的认识。

三、研究目标、摘要与关键词

（一）研究目标

研究目标是文章写作的重要组成部分，它要表达的是：这篇文章到底要解决什么问题？回答什么问题？一般来说，研究目标越清晰越好，越简洁越好。那种不能清楚、简洁表达的研究目标或研究问题，大部分是作者自身没有想清楚，对目标的内容、达成目标的路径等不明晰，这才会造成研究目标认识和表达不清晰。

一篇文章或研究一般有一个研究目标。文章罗列大量研究目标或研究问题，要么其中有一个是总括性的，它统领其他研究目标或问题；要么可能是作者没有认清各个研究目标或问题之间的主次关系，把想到的都罗列出来。

（二）摘要

内容摘要是文章的重要组成部分，主要是归纳文章的核心内容，也方便读者快速掌握文章的核心内容，并判断文章的价值。清楚了解摘要的用途，常常有利于作者写作时换位思考，考虑摘要的内容和写法。

《学术论文编写规则》指出："摘要是对论文的内容不加注释和评论的简短陈述，应具有独立性和自明性，即不阅读全文就可以获得必要的信息。""摘要的内容通常包括研究的目的、方法、结果和结论。"①

这段表述有两点值得关注：一是不加有注释和评论的内容，即客观描述；二是独立性，即撇开全文也能了解核心信息。

① 见中华人民共和国国家标准——《学术论文编写规则》（GB/T 7713.2—2022）。

在构成摘要的各个要素中，目的部分最好简写，一两句话交代即可。研究方法、研究结果和结论是重点、主体，宜详写。研究方法要说清楚研究采用的方法和实施过程，结果和结论要交代文章得出的主要结论或观点。有些摘要还要加上研究背景、研究意义或研究价值等内容，简写即可。

内容摘要是不是一定要用第三人称写，是可以讨论的。一般认为，强调站在第三方立场介绍能提高表述的客观性，但笔者并不完全认同。文章的研究过程和结论不太可能会因为叙述方式的差异而改变它的客观程度。文献的使用者大都是专业人员，他们熟谙研究的过程，不太会因为换个主语而改变态度。

摘要写作的常见问题是，很多摘要突出了研究的意义和价值，占主要篇幅，而研究过程、观点或结论等却一笔带过。这种写法是不合适的。这使得阅读者很难从摘要中了解文章的关键内容，达不到摘要写作的目的。

► 案例12[①]

设计思维作为一套包括理念、过程和工具的系统性方法，可为教育教学变革和未来人才培养提供新思路。（研究意义）本研究针对教学创新实践中设计思维融入系统性和深入度不够问题，提出设计思维深度融入教学创新

① 王志军，严亚玲 .设计思维如何指导教学创新？——项目化学习设计的视角［J］.开放教育研究，2023，29（1）：26–36.

需要转变理念、升级目标、重组内容、再造流程、变革评价等。(研究问题)本研究建构了设计思维指导的项目化学习设计模型和学习活动设计与实施框架，系统阐述了设计思维如何从宏观和微观层面帮助教师实现课程—教学—学习的一体化设计。在宏观层面，教师要围绕课程学习目标和设计思维的特性，按照定义问题—汇聚灵感、构思方案—设计原型、迭代修订—输出制品、使用改进—演化发展四个阶段，设计围绕复杂问题的创新项目、系统化学习活动链、多模态学习资源、融合性学习环境和全过程学习评价。在微观层面，教师要创设目标导向复杂情境，设计融合内容的活动、开发操作性活动指南、实施深度交互活动、优化支持性多维评价与方案，将特定课程的学习活动设计与实施落到实处，其间要重点关注各阶段的操作重点、关键性设计思维工具、方法与核心特征的融入。(主观观点)本研究旨在为教师开展设计思维指导的教学创新提供理念、过程和方法的深度融入支架，落实以学习者为中心的教学。(研究价值)

(三)关键词

关键词主要用于搜索。从标题里摘录主题词是设定关键词的简单而易用的惯用做法。另一种不同的做法是不从标题里摘取关键词，因为文章标题已经能够被搜索，所以关键词应该是从标题外、体现文章中心的主题中选取，以使文章能更广泛地被检索到。

从当下文献在线搜索实际看，研究者搜索文献时，大多采用主题词搜索，这依赖于标题已经基本能够被检索到。从在线搜索文献实际看，题目显然比关键词更重要。因此，让标题鲜明、抓眼球、能反映主题，是保证文献真正被检索进而被读者下载阅读的更有效办法。

关键词设定还有重要的一点，就是"关键词要有检索意义，不应使用太泛指的词，例如'方法''理论''分析'等"[①]，或者实践、研究、应用、实验等。这些词难以发挥检索作用，应避免。一般来说，关键词应是专有名词。

① 见中华人民共和国国家标准——《学术论文编写规则》（GB/T 7713.2-2022）。

第六章　深描中间

学术论文常分开头、中间和结尾三部分。中间部分是主体，也是人们常说的主要内容。下面分别说明思辨研究和实证研究的中间写作。

一、实证研究论文

深描（绘画里称浓描）中间，意思是要详细叙述中间部分的内容。详细到什么程度？按照《学术论文编写规则》的要求，应达到“本专业领域的读者可依据这些描述重复研究过程”[①]，内容包括“详细陈述研究工作的过程、步骤及结果，提供必要的插图、表格、计算公式、数据资料等信息，并对其进

① 见中华人民共和国国家标准——《学术论文编写规则》（GB/T 7713.2—2022）

行适当的说明和讨论”。

实证研究论文的中间部分常常比较实在，大多是作者重点思考或实际操作过的，多数人都写得比较顺畅。但可能是源于国内实证研究渊源不深，出现问题不少，尤其突出的问题是交代研究过程部分疏漏较多，比如忽略调查问卷的设计、如何选择调查样本等。

（一）研究设计

研究设计是学术论文写作的关键内容。这部分主要交代总体研究设计方案。比如，调查研究的设计，要交代如何从研究问题发展出调查问题、调查问题有哪些、问题如何设计、分哪些维度、确定哪些调查对象、采用什么样的抽样方法（如随机抽样、目的抽样、滚雪球抽样等），以及样本数量、调查问卷的信效度、问卷的填写和收集、数据处理等信息。涉及抽象概念的，还要说明抽象概念是如何转为为可操作性的。实验设计包括研究假设的形成、研究假设设定、实验设计、信度和效度检验、研究工具的设计等。

在一般调查研究中，尤其需要注意调查指标的设置。比如，围绕某一个主题开展大型问卷调查，在这样的调查中，设置真正能反映现实的指标（也就是调查内容）尤其值得关注。一般而言，设置好的能直观反映调查目的的指标常常决定调查研究的成败，需要仔细斟酌。对于研究发表来说，调查内容如果有新意的话，期刊一般都愿意接受。

▶ 案例13[①]

研 究 设 计

（一）问卷设计与量表开发

基于上述理论模型，本研究设计的调查问卷分三部分：第一部分是调研对象的基本特征，包括性别、年级、专业、年龄、是否参加过网络课程学习等。第二部分是网络学习满意度问卷，包括65个测量题项，采用Likert5点量表计分：1＝非常不同意、2＝不同意、3＝中立、4＝同意、5＝非常同意。为弥补仅使用封闭式问题导致的定量数据呈现的描述枯燥、信息量少的局限。第三部分设计了两个开放性问题："如果你对这段时间的网络学习不满意，请写下主要原因""为优化网络教学，请提出你的宝贵建议"，经统计收集文字资料近1.3万字，其中部分资料以直接引用形式出现在研究结果部分，与定量分析相互印证补充。

（二）数据收集与描述统计

本研究的问卷发放时间为2020年3月11—20日。发放方式是将编写好的电子问卷编辑到问卷星网站，并委托上海市15所高校的老师转发链接请学生线上填写。这些学生涵盖985/211重点院校、普通本科及高职高专（分

① 李莹莹，张宏梅，张海洲.疫情期间大学生网络学习满意度模型建构与实证检验———基于上海市15所高校的调查［J］.开放教育研究，2020（4）：104–105.

别为上海交通大学、华东师范大学、华东理工大学、东华大学、上海大学、上海师范大学、上海理工大学、上海对外经贸大学、上海中医药大学、上海健康医学院、上海商学院、上海政法学院、上海电力大学、上海交通职业技术学院、上海旅游高等专科学校）。问卷发放1 000份，回收913份。所有题项答案选择完全一致及答题用时累计100秒内的问卷视为无效问卷并剔除，最终有效问卷为646份，回收率和有效率分别为91.3%和70.76%。

总的来说，这部分写法的案例很多，不同写法之间详略和规范程度相差很大。大家可以找份相对翔实和规范的案例学习参考，这里不再举例。

（二）研究方法

研究方法的交代应详细，研究者需仔细考虑。很多新手把研究方法"程序化"，也就是不论什么问题，大都采用这几种方法，考虑适用性不够。事实上，讨论研究任何问题，选用方法的可靠性、彻底性是很重要的，但仍有一些作者对此认识和关注不够。就教育学科而言，这直接导致国内教育研究方法总体处于借鉴移植国外的，自主创新不多。

很多新手把研究方法写作变成给研究方法下定义，比如什么是文献法，什么是内容分析法或者集中访谈法等。这是误解。研究方法的写作实际上要交代研究方法是怎么应用的。它一般包含三部分：① 采用什么研究方法？② 为什么采用这种方法？③ 如何应用这种研究方法的？

如果研究采用的是某种新方法，担心读者可能不了解，那么作者对研究方法作些介绍是可以的；但如果是常用的方法，就可以将此介绍省略。因为这部分最重要的是要说清楚研究方法的使用，即研究者是如何使用这种方法的。这包括很多细节，比如采用扎根理论方法，需要交代数据如何获取、如何转化及如何编码的，包括开放编码、一级编码、二级编码、三级编码。问卷调查法包括问卷设计的思路、调查的问题、调查对象的选择、样本数量、调查实施等。这些都应交代清楚。

研究者大都知道怎样去收集、比较、组织获得的经验事实和证据，但一些研究者缺少找到或发现新事实的方法，也就是缺乏创新的研究方法。这不仅是新手存在的问题，也是整个学术领域的研究不足。

▶ 案例14[①]

（三）研究工具

本研究使用房敏等（2021）开发的师范生计算思维量表作为评价工具，包括导语和题目两部分：导语为师范生计算思维的定义，辅以简单解释，确保调查对象阅读后

① 房敏，孙颖，陈伟，等.师范生计算思维发展现状与影响因素——基于津冀鲁三地高校的调查［J］.开放教育研究，2021（4）：98-110.

能够理解计算思维概念。题目共32题，均采用李克特五级量表，涵盖问题界定与分析（PDA）、问题认知与解决（PCS）、教学策略与实施（ISI）、教学兴趣与设计（IID）、创造力（CA）五个维度（对应图1）。在原研究中，量表总体信度和各维度信度为：αCT＝0.955，αPDA＝0.910、αPCS＝0.897、αISI＝0.884、αIID＝0.866、αCA＝0.766。本研究的量表总体信度和各维度信度为：αCT＝0.943，αPDA＝0.908、αPCS＝0.825、αISI＝0.861、αIID＝0.873、αCA＝0.724。在使用Amos进行模型拟合度检验时，由于样本数量大（n＞3 000），χ^2值受样本数量影响较大（Kline，2011），因此本研究仅提供χ^2/df结果数值，不设参考值，其他各项指标均在理想范围（见表三），表明该量表推广使用具备良好的信效度。本研究采用主观汇报填写，需要共同方法偏差检验，经Harman单因素方法检验，第一主成分因子方差解释率为37.059%，小于临界值40%，经潜在误差变量控制法检验，ΔRMSEA小于0.05，其他各指标差值小于0.1（见表三），可见本研究共同方法偏差不明显。

（三）数据处理和结果

与研究方法类似，数据处理要交代数据处理的方法和过程，即怎么处理数据，各个因素怎么统计，而不是介绍数据处理的方法本身。

一些研究者数据处理方法有时略显简单。比如，在教育学学术研究中，有些研究者仅使用百分比说明问题，而将高级统计方法应用于教育研究还很不够，目前使用方法较多的是百分比、方差分析、因素分析法、结构方程分析、t检验等。随着统计科学的发展，有些文章采用了跨学科或更高级的方法，获得新的发现，值得关注。

还有一个问题是，怎么选用研究数据。有些作者常舍不得割爱，把所有材料或数据都堆积到文章中。这种数据应用带来的问题是，材料堆积过多，淡化了文章重点，好的观点、数据或材料被混淆在一般材料中，没有被突显出来。一份数据材料如果与文章主题的意义不够明显或紧密，或者不太适合主题，舍弃也许是更好的选择。

总体而言，中间部分写作的薄弱，实际上反映的是我国实证研究技术不足，这也是教育学科方面研究进步的短板。根据研究目标的需要设计和创新研究方法，目前还没有引起部分科研人员的高度重视。就像设计软件往往采用国外的一样，教育科学研究方法也大多借鉴国外。这是研究方法源头的不足。

这一薄弱环节还影响到智库的建设。我国近年智库建设兴起，智库研究应有一套行之有效的运作程序或机制，比如，怎么开展调查，怎么处理数据或信息，怎么作出判断，怎么进行推理。没有一套这样的程序和步骤做支撑，要生产出高水平、可信任的成果是困难的。

二、哲学思辨研究

思辨研究论文最灵活，主要以反驳和论证某一主张或观点居多，形式可谓不拘一格，很难有统一格式。“文无定法”常指的是散文、议论文等，学术论文中，框架结构也不是固定不变的，尤其是哲学思辨文章，结构往往比较灵活。哲学思辨类的论文更多的是依据逻辑演绎展开。“理论家的方法是把一般假设或原理用作基础，并从中推导出结论”①，而无须像实证研究那样详细交代研究设计、假设或研究方法等。思辨研究论文，总的指导写作原则是“攻其一点，不及其余”，另外两点也可以提及。

为了说明方便，下面归纳了哲学思辨研究论文写作的常用思路，以便参考比较。

（一）深化演绎

研究者先要明确文章的核心是什么，抓住文章关键词（这个关键词常常体现在标题中）。确定关键词后，接下来的路径就是采用逻辑演绎的方法向下演绎核心关键词，从不同角度、不同标准解释分析核心关键词。

① 阿尔伯特·爱因斯坦.我的思想与观念：爱因斯坦自选集［M］.张卜天，译.天津：天津人民出版社，2020：252.

比如，写“技术支持精准教学”类的文章，其核心关键词是“精准教学”，确定了这一关键词后，就设法把“精准教学”概念加以演绎分解。比如，研究者可以把教学分为学习支持、学习干预、学习资源推送、学习评价等，再说明技术是如何支持各个环节“精准”展开的。这样，技术如何支持精准教学，就得到比较深刻的说明了。一般多采用纵向的逻辑展开，有时也有横向展开的，目的是把核心概念层层分解，变得“细颗粒化”，再加以阐述理解。

（二）善于分类

分类是人认识和处理复杂世界的有效办法。借用分类，人们可以将纷繁复杂的现象快速处理开来。分类可以从不同维度、不同特征或性质展开，然后对这些类别加以比较。再以教育学中“精准教学”为例，它可以对不同教学目标分类或者从教育的不同学段进行分类。比如，把知识类教学目标细分，然后再说明技术如何支持教学；或者把教育分为高等教育、中等教育、初等教育或者普通高等教育、职业教育等，然后每类中再加以阐述。原来比较综合复杂的问题，经分类以后一般都会变得更加具体，更方便掌握和理解了。

哲学思辨研究选用上述两种方法中的哪一种要依具体情况而定，有时还可以把它们结合起来使用。这种方法也可以应用在实证论文的写作中，比如对核心概念加以演绎，加深理解和说明。这种方法的好处在于，可以使文章论述得以深化，不会停留于表面。

要说明的是，深化核心概念的方法不止于上述两种。使用这些方法的好处是能深入挖掘研究主题，使得它们变得清晰明了。其他的方法，比如描述发展演变过程、使用比较法、概念界定等，也可以达到深化核心概念的目的。

第七章 文献综述写作

扎实的文献综述功夫是优秀研究者的基本功。不论做哲学思辨研究还是实证研究，好的文献综述功夫都是不可缺少的。充实饱满的文献综述不仅是一篇论文成功的关键，也是教育研究者思想、观点的重要来源。

把阅读过的文献思想按照一定的条理整理出来就是文献综述。文献综述，顾名思义，就是对文献做综合叙述和评价。它的写作可能因不同需要会有不同。比如，写一篇文献综述类的论文与形成研究假设的文献梳理之间，就会有略微差异。下面着重谈谈文献综述文章的写作。

写文献综述就好比向领导汇报的会议综述，既不能把各成员的观点逐一向领导复述一遍，也不能额外“添枝加叶”，增补没有讨论过的内容或大谈自己的看法，而是把组员的观点简单处理后如实反映出来，特别是不遗漏成员提出的精彩观点。文献综述与会议综述在方法和要求上是相通的，只是对象不同。会议综述的对象是会议发言者的观点，文献综述是来自各种文献的观点，但都要“综”（综合）和“述”（叙述和评价）。

文献综述在国外常被认为由学术水平较高的人来执笔，因为它要求作者见多识广、视野开阔，有学术功底，才能基于已有的研究资料，看得更高、更远，概括出更确切的观点和认识。这也说明了综述写作需要研究者具备的能力一是要有广泛阅读文献的知识基础，二是要有阅历。不了解历史，不了解现实，不能纵古论今，写出来的综述可能很难到位，尤其是对学术观点的评价，很难恰如其分。

文献综述常常是毕业论文或研究报告等的重要组成部分，有时需要单列一章或一节。文献综述是把大量文献的学术观点集中综合在一起加以叙述和评论，常涵盖某一领域的主要研究发现，及其与其他发现的相似性与差异性分析。

一、写作步骤与技巧

总体而言，文献综述写作步骤可以归纳为以下几步。

（一）占有大量文献

学术论文写作要尽可能多地收集文献资料，一般要求包括：一是搜集的文献资料要多，二是要有外文文献，三是要有经典文献。有人把文献收集范围归纳为两个“重要”：重要作者的文献和重要的文献。收集的方法有：① 数据库的关键词收集法，也就是通过变换关键词，从数据库收集相关文献；② 参考文献收集法，即从收集文献的参考文献中继续搜索相关文献。

如果不能占有大量文献（含国外文献），综述写作就可能变成“巧妇难为无米之炊”，后续再怎么修改和努力，都难以奏效。特别是外文资料常扮演着关键角色，外国研究情境不同，观点和内容常与我们迥异，差异对比中常能让我们更好地看到自身，给我们启发，因此不能忽略。

（二）熟读文献

这包括以下三个方面：一是快速阅读。将所收集的文献快速浏览一遍，看看是否有适合主题的内容；然后选择合适的相关文献进行精读，体会文章的内涵和观点。二是先中文后外文，即先阅读中文文献，理清思路和边界，进而有针对性地选择外文文献阅读。三是精读。文献数量搜集到一定数量后，研究者会发现，围绕某一主题的重要文献往往只有少数几篇，其他文献多是源自这几份重要文献，或者演绎、解释，或者“搬移”。这样，对这几份重要文献就需要精读，其他文献略读即可。

（三）挑出“闪光点”

这一步就是将阅读文献中能给人启发、思考或者让人“眼前一亮”的重要观点、重要内容、重要数据等圈画出来，或做上标记。如果团队合作开展研究，那么团队成员可以各自阅读文献，各自从中提炼启发性的重要观点、材料或数据。

（四）合并同类项

这一步是将几个观点或内容相关的材料加以合并，归为一类，把与主题不相关的观点或材料暂放一边。团队合作写作综述，合并的同类项应该是团队成员一致认可的，或者通过协商取得一致意见的。

（五）提炼小标题，突出新意

这一步是对已经归类的材料加以提炼和概括，拟出一个可以概括内涵及所有观点的标题，并把它作为这一类材料的标题。需要注意的是，这个标题大多是主题性的，而不是地域的或人名的。个别零散的、难以归类的观点或材料，可以暂时收集在“其他”中，列在最后。

（六）按逻辑关系排列标题

可以按照文献类型的重要程度、抽象程度、时间先后等顺序，把所有标题串联起来，最后成形的就是综述文章的主体部分。

（七）提炼出分析框架（或研究框架）、研究假设

好的文献综述，不仅要梳理出观点，还要基于文献梳理

总结提炼出自己研究所需的研究框架或研究假设、分析框架等，因为适应自身研究分析使用的框架往往不是现成的。但文献梳理能深入这一步的不多，一些文献综述最终成了摆设，仅为了满足形式的需要。因此，将前面几步做好，把文献内的观点条理清晰地梳理提炼出来，文献综述可以算是合格了。

（八）不要忘记“评”

文献综述除了要对文献梳理、归类、合并以外，还需要对各类文献进行适当评价。这种“评”，一要紧扣文献观点，恰如其分，不要强词夺理，也不要过于表面肤浅；二是要紧密联系现实。这种评有时表现为观点的对比，或者是作者自己的认识。

概括而言，文献综述的特点是就是两个字：“综”和“评”。在“综”“评”之间，“综”是主体，“评”是次要的。体现在篇幅上，就是“综”占更大篇幅，“评”的篇幅则要小。“综”体现在两个方面：收集文献的综合性，即文献数量要多；文献涉及范围要广，从不同角度搜集文献。

二、需要注意的问题

（一）以观点统领材料，而非罗列观点

以观点统领材料就是要从大量文献资料中提炼出自己的

观点，然后以这些观点组织材料。仅仅罗列文献观点是不够的，原因是研究者没有在材料的基础上提炼出自己的观点，所以就不能用自己的观点统领组织材料。仅仅罗列观点，或者罗列作者，或者用编年史的方式逐年列出观点等，都是记流水账的做法，不是研究综述的规范写法。

（二）避免简单按中外文分类

很多研究论文的文献综述分中文文献、外国文献陈述。这种区分是不太提倡的。研究文献综述是按主题梳理的，应该用观点或主题来统领所有观点和文献，而不应按国别区分。

（三）重视外国文献

一般来说，没有足够多的外国文献，写出高质量的研究综述是比较困难的。仅仅依赖中文资料写综述，一是大部分观点读者都是熟悉的；二是忽略国外研究，文献是不完整的，达不到“综”的要求。而且国外的文化和国情不同，提出的研究思路和观点往往能让我们耳目一新，具有一定的参照价值。

（四）要有新意

不论是观点或者材料都要有新意，这是综述成功的重要条件。如果一篇综述内容缺少新的思想、观点或材料，那么它的价值不会太大。正因为如此，重视外文资料的收集阅读和梳理，是很重要的一步。

（五）内容分析法不能代替文献综述

现在有一股新的潮流，用CiteSpace文献计量方法代替文献综述。CiteSpace法是统计文献，而不关注文献内容的意义。因此，借用这种方法替代文献综述，是徒有形式，没有实质。有些作者用CiteSpace分析某一主题研究状况，包括作者、国别分布、被引用次数、关键主题等，而不需要阅读一篇文献或掌握一篇文献的内容，这就与文献综述的目的背道而驰。

内容分析法与CiteSpace都属文献计量，两者都仅仅关注字词表达，不关注文章字词的意义。这是内容分析法或CiteSpace分析不可靠的缘由。

ChatGPT的出现，使文献综述写作变得更加高效便捷。ChatGPT有三项能力让人惊叹：一是强大的信息检索能力；二是强大的文本生成能力，能依赖逻辑推理能力生成比较成熟的文本；三是自然语言能力，可达美国九岁（中国七岁）小孩的水平，能与人流畅地交流对话。其中前两项与文献综述写作密切相关。很多使用者证实，ChatGPT写作可以达到博士生水平。以ChatGPT为基础，研究者再修改完善，就方便多了。

尽管如此，研究者了解文献综述写作的原理还是必要的，这也有利于作者在ChatGPT基础上修改完善。下文这篇文献综述是摘录的，供大家参考。

▶ **案例15**[①]

学习型社会建设：期待与质疑

……

（一）提升劳动力（归纳小标题）

英国工业协会（Confederation of British Industry, CBI）和英国经济和社会研究协会（Economic and Social Research Council，ESRC）出于发展经济的要求，提出通过建设学习型社会提升社会成员的劳动力水平。英国工业协会研究报告指出，当前世界充满不确定性，求职者要适应这种变化，就需要掌握一些“核心”的知识和技能。该协会由此提出“技能革命”（skill revolution），以应对变化，并提出高等教育机构、企业、政府要密切合作。其中，企业的责任是为职工提供持续的教育和培训，政府的任务是为学习提供经费、消除劳动力市场的误导以及引导大众开展终身学习。该协会认为，只有技能通行证（skill passport）能满足全球化和技术发展带来的挑战，并通过技能通行证累计和更新个人能力，帮助人们走向人生的新阶段，使他们能够从事更加复杂的工作。（划出亮点，合并同类项）

……

（二）促进人的全面发展

荷兰莱登大学亨德里克·范·德·齐（Hendrik van

---

① 原文发表于《现代职教论坛》，2019年，第1期，此为摘录。

der Zee）教授指出，我们要学习成为发展全面的人（complete person）。他认为，所有学习活动都要有助于实现这一目标。发展全面包含两方面含义：一是高质量。但高质量不意味着不平等和不公正，也不等同于精英或评价、考试、文凭，而是要更多地看到人的发展潜能，并不断地创设促进人的潜能发挥的条件。二是促进人的全面发展（all-round development）。“这种努力可以看作是对当前主流教育趋势的反抗，即教育注意力不能仅仅集中在人的认知发展上，人的其他方面，包括美学、社会、道德、情感、身体、技术、手工都被西方文化或多或少地置于教育的边缘。”基于英国教育哲学家路易斯·阿诺·理德（Louis Arnaud Reid）的观点，人的认知方式有两种：一是推理性（discursive）的，主要是对周围世界的事实加以描述；二是非推理性（non-discursive）的，主要通过各种直觉和经验，如艺术等。人在认知过程中，这两种方式交互作用，理性和直觉相互依赖。但是，西方教育特别是课程主要以命题陈述（propositional statement）为主，导致理智、科学和技术与人的情感、价值和创造力相分离。理德认为，教育应关注的是人的全面发展和整体文化（whole culture），学习型社会要为人的全面发展提供机会。

（三）培养合格公民和促进民主社会

在20世纪末期，随着信息社会的发展，让广大市民更新信息、参与社会，是学习型社会需要解决的问题。英国华威大学然森教授指出：“我们的未来依赖于我们的学习能力。只有把学习置于我们经验的中心，个人能力才能不断得到发展，学校才能开放和朝预期方向变化。社区内部以及社区中间的差异才能成为反思性理解的源泉。”他提出了学习型社会的四个特征：（1）了解社会自身及其如何变革；（2）需要改变学习方式；（3）所有成员都需要学习；（4）学会民主改变学习条件。（划出亮点，合并同类项）

……然森还强调，学习型社会是学习民主改变学习条件的社会。这些条件主要是社会和政治方面的。教育要从精英走向公平，涉及的从来不是单纯的教育问题，而是与社会和政治密切相关的。他引用胡森的话指出“教育规划者面临的不仅是教育学问题，还需要考虑社会公平、经济发展以及为应对快速变革的社会做准备等问题”。他反复强调：学习型社会必须要学习民主。学习型社会要为新的民主、新的权利和责任，造就新的公民提供机遇。

总之，然森教授的学习型社会理论的核心是要建立民主社会。因此这一理论被格伦认为是推进社会转型的催化剂，杨则把它看作是走向新社会的基础。

（四）作为一种新的社会形态

英国北安普敦大学格伦·里科斯基教授分析了然森、杨等人对学习型社会的界定后，总结提出了四类学习型社会：一是为了提高劳动力质量的学习型社会；二是为了人的发展需要的学习型社会；三是作为社会转型催化剂的学习型社会；四是把它作为一种新的社会形态——学习型社会，也就是说，这个社会把学习作为构建社会的重要力量。

（五）文化革命和社会运动

与上述的理论不同，这一理论把学习作为文化革命和社会运动。帕特里克·安利认为，“这将是一场真正的文化革命——它不是狭隘的技能革命，仅仅是出于为职业做准备或提升个人竞争力，也不仅仅是一项新的学习政策，把学习看作休闲”。显然，文化革命和社会运动论超越了人的发展、技能提升等观点，而赋予学习型社会更为全面和广泛的影响。安利指出，政府要应对社会变革，实现真正的现代化，第一要务是重新确立教育、科学、艺术的使命：发展新的思想和新的知识及技能。“在这场文化革命中，各种学习活动融为一体，学习不局限于正规教育体系内，还包括娱乐、运动及其他活动。”而且，“社会要由下而上加以重构，最根本的文化活动是民主的讨论和决策”，通过合作、参与和行动支持终身学习和推进社会的更新。

（六）社会和谐论

这种观点在我国比较突出，主要特点是把学习型城市（社会）作为一项社会建设工程，目的是促进社会和谐。通过广泛开展市民终身学习活动，提升市民文明素质，营造全民学习良好氛围，以及消除社会不安定因素和意识。报刊中“加强学习建设，促进社会和谐发展”等表述，就是这种观点的体现。

……

三、对建设实践的评论与反思（简要评论）

自哈钦斯提出学习型社会一词后，学习型社会理念广泛传播。联合国教科文组织随后提出：人类要向着学习型社会迈进。许多国家相继开展了学习型社会创建实践，形成了学习型家庭、学习型组织、学习型企业、学习型社区等建设高潮。学习型城市建设是在学习型社会建设的基础上提出的，是其中的实践之一。1994年，英国政府报告率先提出“建设学习型城市”，从1994年到2000年间，英国经济和社会研究协会投入250万英镑，任命沃里克大学弗兰克·科菲尔德（Frank Coffield）为主任领衔开展了题为《学习型社会：促进就业的知识和技能》专项研究，并分列13个研究子课题。英国政府还推出了建设产业大学、国家学习网（national grid for learning）和“开端计划”（sure start）、出版绿皮书《学习时代》、白皮书《学会成功》等，推进学习型城市建设。

英国推进学习型城市建设有它深刻的经济社会原因：一是20世纪后半叶以来人类面临的巨大变革。机械、电子、互联网等大批新技术深刻地影响和改变了人类的生活。人们在这些挑战面前认识到，要应对这些挑战，只有通过创新，通过学习。正如舍恩的《超越稳定状态》一书指出的，变革是现代社会生活的基本特征，面对变革，把学习放在中心是唯一路径。传统的学习方式已不能满足社会的需要，仅仅依靠学校教育不能解决社会面临的难题。由此，打破学校，构建全民参与、终身学习、全民学习的学习型社会，成为解决这些社会经济、政治和社会发展面临难题的不二选择。二是20世纪中叶后，日本、德国等国家取得的巨大经济成功极大地刺激了英国。英国作为老牌强国在全球的竞争力不断下滑，走向没落。出于提升经济竞争力和促进就业的强烈诉求，促使英国工业协会等把劳动力的提升作为改进的利器之一，把学习型社会当作是振兴英国经济的机遇和工具，提出了技能革命等主张。三是欧洲企业生产发生巨变。“成功的企业不仅是那些使用先进技术的企业，还有通过使用劳动力提高价值的方式。”在成功现实的印证下，学习型社会的提出，受到了英国国内进步主义教育家、企业和管理研究者多方的认可。其四是民主社会的发展，使他们看到学习型社会在推动人的素质和达成社会共识上的价值，因而学习型被作为推进民主社会建设的重要依托。

……

第八章　深化结尾

文章结尾因研究范式的不同而不同。哲学思辨论文的结尾写作相对简单，主要的观点和主张已经在前文有所阐述，结尾大多是再次强调或总结前文的内容。下面着重讨论实证研究论文的结尾写作。

一、呈 现 结 论

实证研究论文得出的结论不是仅仅报告经验的事实，而是要对这些事实作出理论解释，因此这常常是个形而上的过程，且没有明晰的可以遵循的路径。有时它可能只是简单地概括提炼，有时又可能需要创造性的建构。面对相同的数据、案例、事件、内容，不同的研究者得出的结论和观点不一样，很考验研究者的水平和功底。下面围绕如何获取结论进行讨论。

(一)遵循原则

1. 审慎得出结论

研究者大多强调，有多少证据说多少话，研究结论要建立在研究数据的基础上。瞿葆奎教授提出了“三个统一”:“历史与逻辑相统一”“材料与观点相统一”“叙述与评析相统一”。这些都提示研究者要审慎得出结论，也是研究工作需要遵循的基本准则。尤其是假设—检验类的研究值得注意。

但是，面对同样的事实，研究者常常可以用不同的方式来描述。研究者的态度、价值观和知识背景都会影响他们怎么阐释研究结果和数据。正如“半杯水”理论指出的，同样的半杯水，悲观主义者看到的杯子有一半是空的，乐观主义者看到杯子有一半是满的。“数据不全的时候，我们根据自己的预设来解读……通常情况是，一些基本是无意识的预设引导了你的解读。”[①]面对研究数据的解释，教育研究同样如此。即使研究者声称保持客观、中立的立场，但事实上会在无意识中受到牵制。

2. 采取开放包容的态度

特别是对于问卷调查研究、扎根理论等方法，研究者事先往往对研究结果没有预期的判断。在这种情况下，从个案出

① 奥萨·维克福什.另类事实：知识及其敌人［M］.汪思涵，译.北京：中信出版社，2021：68.

发，用开放的态度，采取大胆假设、推测、类比等方法，不拘泥于原有的因果关系、原有的理论认识或框架，推出更深刻的认识，或建构新的理论观点或框架，这些对学术论文写作是有好处的。否则，新的研究发现可能会沦为对已有理论或观点的补充或修正，难以推进理论的发展。

（二）依据路径

1. 经验—理性的路径

这种方法就是直接依据统计数据和结果，应用归纳提炼方法，经概括总结得出研究结论。这种归纳显然是从特殊走向普遍，应该恰如其分，避免人为拔高理论及观点的解释力或解释范围。

2. 假设、想象、类比、推测的途径

有时，源于前期研究设计等方面的不足，在推断结论的过程中，采用假设、想象、类推、类比等方法推测结论是必要的。想象是一切创造性活动所共有的，无论是艺术、神话还是科学。[①]类推、类比逻辑是建立在相关性基础上的，很多事物发展，确实存在基本原理的相关性。因此，采用这类比推理方法，可以得出更有见地的见识或结论。当然，这种推断不是盲目的，而是合理的逻辑推测。

---

① 卡尔·波普尔.通过知识获得解放［M］.范景中，陆丰川，李本正，译.杭州：中国美术学院出版社，2014：52.

3. 采取“博弈论”与“演化论”

“博弈论”是在平等的对局中双方各自利用对方的策略变换自己的对抗策略，达到取胜的目的。“演化论”主要来自达尔文的生物进化论，主张生物是进化的。

采用“博弈论”与“演化论”，主要是把事物整体还原为各个要素，用事物内部各因素的相互关系和相互作用来解释事物本身。显然，任何事物都不是静止的，而是运动变化的。采用这种还原性分析，有助于分析推测事物内在各因素相互博弈和演化的历程，从而更好地认识了解事物本身。

（三）结论避免平淡

经过漫长而复杂的数据收集和处理后，如果得出的结论仅仅是常识，那是得不偿失的。要避免这样的难堪，可以事先预测一下研究结论，若是得到的结论过于常识化，研究者就需要另辟蹊径。比如，调查在线学习研究后，得出结论是：在线学习需要学习支持，这是众所周知的认识，无须调研也能得出，因此，这就需要研究者转换调研的方向，重新归纳或解释研究结论。

得出的结论即使不属于常识，但没有新意的、粗浅、平淡的结论也是实证研究的大忌，要尽力避免。归纳提炼出有新意的解释和观点也是文章出彩的关键。尤其对于一些不看研究过程，直接关注研究结论的读者来说，有新意的研究结论就显得尤为重要。因此，研究者需要从庞杂的经验事实中觉察不受人们关注的新的特征，从中发掘新的认识元素和看法；也可以联系已有的研究结论，构造更有说服力的结论。就比如道尔顿使“化学领域重新调整了研究方向……教导化学家根据旧的资料提出新的问题，得出新的结论”[①]。

结论的切实可行也很重要。如果结论脱离现实，与现实脱节，那这种研究也应该避免。什么程度的结论才能让人满意？这显然因人而异。一般来说，这些研究结论能够让研究者自己满意，具有比较强的解释力和新意，这是最低的标准。

但从经验研究的个别结果中得出一般原理并不容易。人们的思想有时会被预先设定，受到已有观念、习俗、习惯的影响。作为一名研究者，那么他的脑子肯定充斥着各种研究者身份和规则所设定的要求，从而带有某种倾向，具有刻板意识，所以创新并不容易。要得出有新意的研究结论，唯有不断地学习和思考。但学术研究绝不提倡造假的研究结论，或者为了新而新，而是要尽量基于已有材料和数据，采用新的角度和视野得出不一样的见解和认识。

(四) 无争议的结论居前，有争议的结论居后

研究结论一般很难让所有人信服。对于有争议的结论，把预期可能出现的问题先提出来，然后给出答案。这也是一种同

---

① 托马斯·库恩.科学革命的结构［M］.张卜天，译.北京：北京大学出版社，2022：196.

行间交流的对话和讨论。那种咄咄逼人，让人非得接受的语气和态度，是不可取的。

二、讨论和思考

国内论文（含毕业论文）比较常见的结果是“总结与展望”“结语”“总结与建议”等。对研究结论进行深刻讨论的不多。

《学术论文编写规则》指出 :“结论是对研究结果和论点的提炼与概括……如果推导不出结论，也可以没有‘结论’而写作‘结束语’，进行必要的讨论。在讨论中提出建议或待研究解决的问题等。”①

一般而言，哲学思辨论文的结尾常会“推不出结论”，收尾比较灵活，大多是回顾文章的研究背景、研究方法、研究过程、研究结论，或者再次强化结论和观点，提出需要思考的问题等收尾。这样的结尾，如果没有增添实质内容，仅是重复已有的观点，大都可以略去。

下面是一篇论文的结尾（仅供对比参考，与作者和文章来源无关）。这篇结尾名为“结论”，其实是空有虚名，既没有

---

① 见中华人民共和国国家标准——《学术论文编写规则》（GB/T 7713.2—2022）

提供结论，也没有增加新的观点或内容，多为可要可不要的话，完全可以删去。

▶ 案例16

目前，研究生教育已成为我国高等教育中的重要阵地，科学的飞速发展和社会的极大进步对高等教育事业提出了更多更高的挑战。我们需要利用各级竞赛和活动补充和扩大隐性课程平台，挖掘水文化内容充实隐性课程“教材”，完善研究生隐性课程环节，在强化导师隐性课程职责等方面进一步努力，充分发挥隐性课程的优势，才能高质量地培养优秀的高等人才。

对于实证研究论文，我们提倡它的结尾需要包含更多的内容。小标题可以是结论、讨论、讨论与思考、结论与思考等。这种结尾与传统写法的结尾的差别主要在于需要进一步深化论题，加强讨论和反思。它的内容大致包括以下几点。

（1）逐一呼应前文提出的研究问题，包括前面提出了什么研究问题、有没有解决这些研究问题、解决的程度如何、与预期的结论之间有没有出入等。有些论文的结尾似乎忘记了前面的研究问题，结论与前文提出的问题不呼应，自成体系，成为不相关的两部分，这就有点脱节了。

（2）与已有的研究结论比较异同。这需要综合比较他人的研究方法、研究设计、研究结论展开论述。然而，这部分要写好或写实，常需要作者有一定的理论功底，也就是说，需要他了解他人观点、演进过程，才能旁征博引地展开比较和论述。仅仅阅读教材，没有深厚的专业阅读，提出精彩论述的可能性是比较小的，只能拘泥于已有研究作分析。

禅宗里说，见山是山，见水是水；见山不是山，见水不是水；见山只是山，见水只是水。三个阶段比喻人生认识的三种不同境界。这个比喻用于研究者对研究对象的认识就是拘泥于研究对象谈研究结论，类似“见山是山”；及至跳出研究对象来思考研究对象，就慢慢体会出“见山不是山”“见山只是山”的境界。这种峰回路转的认识发展，反映了人们认识的螺旋式上升过程。

（3）导致研究结果（差异、创新）的可能原因是什么。

（4）有什么创新和理论贡献（深化或拓展理论）。

（5）存在什么不足。

（6）需要后续继续深化的问题。

这些内容不是分割的，可以根据需要综合展开。

很多文章收尾用“建议、对策、策略或启示”等替代讨论，这不太合适。我们一直提倡实证研究的最后要对研究结论加以讨论，提倡作者要对研究结论旁征博引地展开讨论。这样提倡的好处，一是有了讨论，研究者才会自觉反思自己的研究，把自己的研究和已有研究展开对比，更清晰地认识自己和他人研究的“长”“短”所在（包括创新、不足等）；

二是把建议或策略留给决策或咨询部门思考，这种分工更合理。

事实上，也只有结论做扎实了，可靠了，研究结论才可能付之应用，建立在这一结论上的策略或建议才可能是有效的，有针对性的。反之，结论不可靠，却急着向别人提出建议、策略或启示，不仅对研究本身没有益处，还可能误导人。但实际写作中，提出建议或对策，成为一些毕业论文的通病。这种做法一是超出了学习者的能力（在校学生能提出多少可行的对策？），二是他们误以为提出要解决对策或建议，就是解决研究问题。

▶ 案例17①

（一）研究结论

1. 虚拟实验具身程度对学生学习成效具有调节作用

本研究的元分析结果表明，虚拟实验对学习成效有中等程度的正向影响。这与已有的元分析研究结果（田元等，2021；刘清堂等，2021）基本一致，再次证明了虚拟实验赋能学习的潜能。结合具身认知理论，本研究提出了虚拟实验具身程度的四层级模型，分析了具身程度对虚拟实验学习成效的调节效应。总体而言，全身交

① 王辞晓，李睿玉，张慕华.虚拟实验具身程度及其对学习成效的影响［J］.开放教育研究，2022，28（5）：93-104.

互型虚拟实验对学习成效的促进作用最大，其次是控件交互型虚拟实验，最后是涉身交互型虚拟实验。柯本等（Coban et al., 2022）的元分析研究也发现，相比低具身程度的桌面式虚拟实验，头戴式（Head Mounted Display）、洞穴式（Cave Automatic Virtual Environment）、混合现实（Mixed Reality）等技术支持的高具身程度的沉浸式虚拟实验对学习效果的促进作用更大。由此可见，虚拟实验能够在多大程度上为学生提供具身参与机会，将对学习成效产生影响。但这不代表具身程度越高学习效果一定越好，因为虚拟实验学习效果还受学段、学科、知识类型等因素的影响。

2. 全身交互有助于工程实践和人文社科的知识习得

全身交互亚组分析结果表明，全身交互型虚拟实验主要应用于大学，在工程实践与人文社科领域表现较好。以亚利桑那大学的SMALLab为例（Johnson-Glenberg et al.，2016），全身交互型虚拟实验需借助实体空间、投影设备、传感技术等搭建物理环境，学习者也需要投入时间熟悉环境和操作流程。因此，教育研究者开展对照实验研究时，更倾向于选择实验空间、课程安排、课余时间更加灵活的大学生作为研究对象，而非中小学生。中小学阶段的全身交互型虚拟实验研究目前主要以案例研究为主。亚组分析结果表明，全身交互对工程实践学科有显著的正向促进作用。这可能是因为工程实践学科以操作性、过程性技能的习得为主，虚实融合的学习环境能够充分模拟真实的应用场景，促进学习者习得此类技能。此外，全身交互型虚拟实验较多应用于人文社科领域，且表现出中等程度的正向促进作用。这是因为全身交互性虚拟实验为人文社科领域的抽象概念理解提供了调用身体经验的可能，促进了抽象的概念性知识的习得，这与具身认知领域的概念隐喻理论、知觉符号理论的基本思想一致（陈醒等，2019）。

3. 涉身交互在高等教育和自然科学领域表现更好

涉身交互亚组分析结果表明，相比于中小学阶段，涉身交互对大学阶段的学习效果促进作用更显著。结合全身交互的亚组分析结果可知，较高程度的具身参与有益于高校实验教学。与此同时，本研究还发现涉身交互对自然科学领域的实验教学有更好的促进作用。一方面，涉身交互型虚拟实验需要学习者通过手势交互、屏幕触控等进行实验操作，能够在调用身体知觉和行动的同时，将注意力维持在实验对象操作和现象观察分析上。另一方面，相比于注重场景创设和亲身体验的工程实践与人文社科领域，强调现象感知和规律探索的自然科学领域，常不需要学习者的全身参与，手势参与和多模态感知已能满足学习者对概念知识的理解。塞尔泽等（Selzer et al., 2019）也认为，高沉浸感的学习体验不一定适用于所有学科。此外，涉身交互对陈述性知识和程序性知识的促进效果均显著，但对程序性知识的促进作用更大，即含有触觉反馈的虚拟实验对技能训练的促进效果优于知识传递。

4. 控件交互更适用于基础教育及陈述性知识的学习

……

第九章　引用与参考文献

一、引　　用

（一）为什么要引用

为什么要引用？最直接的说法是尊重原作者的知识产权，恪守学术研究规范。采用了某一观点而没有标示出来，会被别人扣上剽窃的罪名。一般来说，引用主要出于两点缘由：一是论证的需要；二是提供事实或观点的出处，表明作者尊重别人的观点而不是信口雌黄。适当引用是必要的，它的使用表明了作者的研究是站在巨人肩膀之上的。

一种不太健康的倾向是鼓励作者鹦鹉学舌式地引用名人名著，似乎引用越多，学术质量越高，而不太鼓励研究者大胆表述自己的见解。但是如果一些重要的学术论文没有引用，其价值和可信度会遭同行质疑。

从现状来看，学术论文要求有一定数量的参考文献已成为一条重要的学术规范，但很少有人能给出一篇论文引用多少是合适的引用数量（大概只有新手，才会提问多少条参考文献算合适）。一般来说，数量足够多的参考文献，大概率能说明研究者是花了时间和精力投入的，研究内容一般来说也会比较扎实。

对教育研究者来说，有一定数量的国外文献，或者外文文献占大多数的稿件，观点和内容也常会好很多，也较容易被编辑录用，这是事实。

（二）引用什么

包含两个问题：什么该引？什么不该引？这其实没有明确的说法。多数人的看法是，需引用的内容多为观点，或事实，或数据，表明观点或论证有所依据。一般的常识或非观点性表述，不用标示引用的出处。实际写作中，编辑们除了双引号标示的表述会要求作者标识出引用出处外，对于引用他人观点而非双引号标示的内容也需要作者一一核实并在相应位置注明引文出处。

还有一个问题就是，引用现实事例（或现象）好，还是引用文献好？总体而言，引用的目的是论证、说明道理，可能没有绝对的标准规定哪种方式好，而是看哪种引用说明问题更深刻，以及研究的性质——是实证性强的，还是理论性强的。对于人文社会科学的说明、例证、分析而言，引用现实事例或现象可能更有说服力、更有穿透力，因为这些事例大都是当下社会现实相互作用的产物，是事实，它的说服力应该超过没有经过事实验证的文献。学术论文的写作应尽量用“小”（简明）语言，说明“大”（深刻）道理，用身边的现实事例说明大道理。

热衷引用文献，特别是引用那些翻译得拗口、让人一知半解的西方语句，是不推荐的做法；引用偏僻的古汉语词句而不进行适当的阐释，同样不是好的选择。一些研究者或者因为接近现实不够，或者为了避免介入与当事人的纷争，往往避免引用现实事例或现象。这样，“引经据典”，也就是注重引用已有文献加以论证，成为学术论文写作常见的引用形式。这种风气尤其在学院派研究者那里比较兴盛，他们也常常乐此不疲。

（三）引用适当

学术写作有时会出现过度引用的现象。比如，文章论述多为引用他人的观点，作者自己说了什么，作出了什么判断，有什么新的见解，几乎看不到，或者被淹没在长篇大段的引用中。过多的引用吞噬了文章真正的观点，文章写得长篇大论，作者的见识却“空无一物”。这是学术论文写作应该避免的。

宁愿引用和评论别人的话，而不愿自己思考、说自己的话，不愿遵循自己的感官和内心，原因可能有以下两点：一是有的作者害怕暴露自己的真实想法，害怕自己的真实想法在同行面前出错，被同行耻笑，被同行打击；二是作者的虚荣心，以为攀附上名家名言，自己的见解就无懈可击。这样的结果就是，文章越写越长，见识越来越少，作者也把自己弄得像躲在贝壳里的“蜗牛”，变成“需要以别人的盛名来掩护我的软弱”[①]。

事实上，每个作者都应展示出自己真实的想法，这样才能增长研究的整体智慧和见识。千百句鹦鹉学舌式地引用或评论别人的观点，还不如大胆表达一句自己思考得到的认识更有洞见。

与此相反，还有另一种现象也常出现在新手写作中：整篇文章几乎没有引用或者极少引用，只管自说自话，而不顾该领域的最新研究进展。这样的论文一般是很难站得住脚的，因为它只表现为作者的一厢情愿、自言自语。为了杜绝这种现象的发生，有的导师或期刊规定了参考文献的数量下限。这两种情况都不是正常的，学术论文写作中应避免。

（四）不要为引用而引用

这是新手常见的毛病。叔本华说：“有些人每每爱引用权威者的辞句，来争论某种事件，以取代自己贫乏的理解和见识。笔战中引出他们的东西，便像取得莫大的靠山似的，而雀跃莫名……这类人既无思考力，又乏批判力，所以只好引用权

① 阿兰·德波顿.哲学的慰藉［M］.资中筠，译.上海：上海译文出版社，2020：196.

威之言（这也是基于对权威者的尊敬），以为找到最好的护身符，振振有词地据之而辩，发出胜利的呼声。”①他们常常把人人皆知的常识、非观点性表述也作为引用，这是一种误解。蒙田说，我引用别人的话，是为了更好地表达自己。离开了这个目的，为了引用而引用，就失去了引用的目的。

二、参考文献

参考文献的写作规则也有不同。很多新手为了增加参考文献的分量，往往把相关或不相关的文献都列入其中。有的期刊要求把阅读过的有启发的文献都列入参考文献；有些期刊要求正文引用的文献（也叫实引），才列入参考文献，这种即美国APA格式。作者可根据期刊要求进行写作。

有的学者还讲究引用参考文献的时间，这因学科、主题、研究类型而定。比如，综述性研究需要参考新的文献，还需要相当比例的国外文献，这样才能比较全面地反映国内外研究的前沿观点。对于快速发展的学科和主题而言，最新出版的研究文献确实是必要的。比如，技术应用方面的研究，变化很大，十年前的文献已属陈旧，参考价值不高了。而对于

① 亚瑟·叔本华.孤独读书术［M］.刘大悲，陈晓南，译.北京：台海出版社，2017：95.

理论性或历史主题的文章，历经时间检验的经典文献反而更加重要。

参考文献错误是比较普遍的，也是让编辑较为头痛的，如缺少页码、页码错误、年份错误、正文和参考文献名字或年份不一、期刊名字错误，等等，这些也是出版物质量检查出现差错的重灾区，即使名人名家的作品有时也无法避免。导致参考文献容易出错的原因一是研究者对参考文献往往不太重视（研究者一般更重视正文），二是参考文献需要的各种信息、数据等，常常比较琐碎，有时作者凭记忆写下观点，要找到对应的文献来核实并不容易。从编辑的角度看，还是希望作者们认真对待参考文献，这既是严谨的学术态度所需要的，也是为编辑减轻点负担、提高文稿质量、减少差错率所需要的。

参考文献格式一般采用文后参考文献著录的国家标准。《信息与文献　参考文献著录规则》（GB/T 7714—2015）是由中华人民共和国国家质量监督检验检疫总局（现为国家市场监督管理总局）和中国国家标准化管理委员会2015年颁布实施的标准。这一标准适用于以下文献。

（1）专著：普通图书、学位论文、会议文集、技术报告、标准、汇编、古籍、多卷书、丛书等；

（2）连续出版物：期刊、报纸等；

（3）析出文献：专著中析出的文献（普通图书中析出的文献、会议文集中析出的文献等）、连续出版物中析出的文献（期刊中析出的文献、报纸中析出的文献等）；

（4）专利文献：专利申请书、专利说明书、专利公报、专利年度索引等；

（5）电子文献：电子书刊、数据库、电子公告等。

本硕博论文常写的参考文献就是从会议文集、期刊等专著、连续出版物中析出的文献，因为我们大部分时候只是参考某某会议、某某期刊的某篇论文。

第十章　思考与阅读

一、深 入 思 考

作者们都希望能让观点变得深刻，能力透纸背，那就再好不过了。一篇稿件如果被编辑评价为肤浅，就很难被采用了。让观点变得深刻离不开深入思考。思考也是把知识原理同现实、社会发生联系的中间过程。事实上，精彩的观点，大都来自作者的深入思考。

哲学家叔本华对思考的论述是让人深思的。“自己思考的……则是个活生生的生人，它是通过在‘思考之心’内种下胚胎，经过受精、妊娠、分娩等过程而产生出来的。”“靠着学习得来的真理，就好像义手、义脚、义齿或蜡制鼻子及利用皮肤移植术等附着在身体的器官一样——也许还不如它们来得逼真。而自己所思索得来的真理，则好像自然的身体四肢，确确实实为自己所有。哲学家和一般学者的最大区别就在这里。”“后者的思想是从各种形形色色的精神而得来的，属于别人的体系、别人的色彩。他不能像自己思考的人那样，已把自己的知识、个性、见解等融合成一个总体……这种思想过度拥挤的状态，攫夺了一个人的正确观察力，也使人失去主见，并且很可能导致精神秩序的紊乱。这种现象，我们几乎在所有的学者身上都能发现。”[①]

一般来说，思考观点越深刻，越具有震撼人心的力量。尤其是学术研究，蕴意深刻的标题和观点，都能牢牢地吸引住读者和编辑。

（一）要从根本上思考，追溯根本缘由

哲学家追溯根本的东西。笛卡尔怀疑一切，一直怀疑到自己在思考这件事上，认为自己在思考这件事是不能怀疑的——我思故我在。经济学建立在人的本性上，从人的本性出发推测人的经济行为。人性是关于人的解释的绝对界限[②]。建立在人性基础上的学科建设就有坚实的基础，也变得深刻。几何学把公理建立在直观上——两点间，直线最短。这是人一看、一比较就不容置疑的。所以，“深刻”说到底是从根本上、本质上思考，这是使观点和文章变得深刻的有效手段。

像哲学家一样思考，不是说需要记住多少哲学家的名言

① 亚瑟·叔本华.孤独读书术［M］.刘大悲，陈晓楠，译.北京：台海出版社，2017：82—83.
② 赵汀阳.论可能生活［M］.北京：中国人民大学出版社，2010：41.

名句，或者哲学家的观点，那不是哲学思维，而是说要像哲学家一样追问根本的东西，深挖事物或现象的根本缘由。

（二）围绕核心问题思考

像哲学家一样思考，也意味着善于归纳、概括（或抽象），也善于演绎（或分析）、推理。初稿完成后围绕以下问题反复思考是有好处的。

（1）文章有没有回答提出的问题？

（2）观点有没有新意？创新了什么？创新有没有清晰地表述出来、展示出来？文章能给读者带去什么？如果不能给读者提供新的养分，文章的价值就会大打折扣。

（3）结构是否合理？是否符合逻辑？观点能否站得住脚？

（4）结论是不是可靠？能否经受推敲？

（5）建议是不是对路，是不是贴近现实？

这些只是比较重要的方面，没提及的其他方面也不能忽视。总的来说，围绕核心问题思考，不断发现问题，优化完善。这种锤炼打磨，常常能发现不少漏洞，能有效提升文章质量。

（三）无立场思考

赵汀阳老师认为，思想要成为彻底的，就必须可以在整个思想空间中贯彻怀疑论态度。怀疑论并不怀疑确定的事实，但是怀疑论不信任任何一种信念[①]。简单来说，无立场原则就是要怀疑一切，不能有任何既定的存在。他强调，无立场原则要求“以事物为准”而不是以观点为准。自由的思想就是可以彻底地思考任何问题，如果留有什么思想的死角，思想就不可能彻底，不彻底的思想就不是有效的思想。只有通过无立场的思考才能看清事物的本质。

这种无立场思考原则，其实就是要求研究者不要有任何预设的“框框”，要打破框框，从原始的地方开始思考，这样的思考往往会把问题推向更深层次，认识的角度也能展现出更多可能性。但是，这种思考说起来容易，其实做起来难。实际研究中，由于研究条件和思维习惯等的束缚，人们常常无意识地自我设定了“玻璃边框”，落入俗套的窠臼之中。

（四）独立思考

学术研究的重要特点是创新。独立思考是实现创新的有效路径。一个满足于人云亦云、缺乏独立思考的研究者，是无法实现真正的创新的。

创新不是口袋里的零食，随时可以取出。事实上，创新是怎么形成的，是很难说清的一种高难度技巧，是人类有待了解的一大难题。它常常受阻于各种局限，不常出现。海德格尔对此做了精彩论述。这里不妨引用几段用以说明：

---

① 赵汀阳.论可能生活［M］.北京：中国人民大学出版社，2010：69.

> 人们很容易被一种叫“常人”（the THEY）——的东西所摆布。这是一种非个人的实体，会夺走人们为自己而思考的自由。因此，想要真实地活着，就要抵抗或战胜这种影响……但是，这种“常人”无所不在又无处寻觅……人们稍不留心，这种“常人”就会取代我，替我做那些本该由我自己来做的重大决定。……让我们陷入平庸，不再思考。
>
> 要对抗这种“常人”，就必须有真实的自我……不过，这个声音是我不认得，也可能没听过的，因为它不是我们习惯的“自我”，所以怪事出现了，我的真实声音反倒听上去是最陌生的，我也许听不到它，抑或听到了，但不知道那是我在呼唤。[①]

海德格尔的这两段话，深刻指出人其实是受限的，很容易受外界摆布的，而且这种摆布无所不在，以至于人们稍不留心，外界的影响就会喧宾夺主，替代“我”思考，使“我”跟着潮流走，跟着习惯、习俗、传统走。更糟糕的是，由于“我”习惯了跟着外界的声音走，甚至“我”真实的声音倒听上去是陌生的。这就彻底地否认“我”的存在。

所以，尽管人们常说独立思考，其实多数时候还是在循别

---

① 莎拉·贝克韦尔.存在主义咖啡馆：自由、存在和杏子鸡尾酒［M］.沈敏一，译.北京：北京联合出版公司，2017：112-113.

人的路子走。已有观念像一张无形的网络包裹着人们，纠缠着人们。要跳出这些观念的纠缠，并不容易，因为人们天天就浸淫在各种文化观念之中，依据这些观念行动。即使有时人们能有幸从一个文化观念里出来，也有可能掉入另一种习俗观念，受一种新观念的裹挟。巴西批判教育学家保罗·弗莱雷对此提出“解放教育学”，意指教育要帮助人们从传统的观念、习俗、文化的束缚中解放出来。胡塞尔创立了现象学，提出回到“事实本身”，要把我们从已有的意识和观念中解脱出来，认识事物的本真。

正因如此，独立思考往往显得弥足珍贵，很值得珍惜和为此努力。

对于新手研究者来说，随时保持质疑是走向独立思考的第一步。这包括：不盲从书本知识，不盲从权威；从作者的论述思路中摆脱出来思考；在接受任何的陈述和结论前，多问问为什么；等等。

二、多阅读，多反思

“一个人若只是自己思考，而不受别人思想和经验的启发，那他的想法无论如何也是无甚价值和单调乏味的。”[①] “读

① 阿尔伯特·爱因斯坦.我的思想与观念［M］.张卜天，译.天津：天津人民出版社，2020：76.

的书少，知识贫乏，是没法写论文，提出新的见解来的。认为自己无须读前人的书，随便谈点自己的看法，就可以产生扎实的好论文来，当然是不对的。”[①]无数名人名家强调阅读的重要性。老师、家长叮咛学子们多读书的例子也很多，但重视思考的，相对就少了。这不仅是因为思考本身是困难的，也取决于有无鼓励独立思考的文化。

孔子说："学而不思则罔。"思考不能被忽视。叔本华强调思考的重要性令人印象深刻，也许能激发我们重新认识思考的重要性：

> 一般的“书籍哲学家”如同历史的研究者；自己思考的人，犹如事实的目击者。后者，不论对任何事情都是靠他切身的经验直接领会理解而来，绝不会人云亦云。……[②]
>
> 我们读书时，是别人在代替我们思考，我们只不过重复他的思想活动的过程而已……我们的头脑实际上成为别人思想的运动场了。[③]

叔本华区分了书籍哲学家和真正的哲学家，指出了读书

---

① 王力，朱光潜.怎样写论文——十二位名教授学术写作纵横谈［M］.沈阳：辽宁教育出版社，2006：19.

② 亚瑟·叔本华.孤独读书术［M］.刘大悲，陈晓楠，译.北京：台海出版社，2017：86.

③ 同②，第100页。

与思考之间的关系，很有启发，值得思考。这对于研究者而言，尤其值得重视。

进入网络时代，不会思考的人，很可能淹没在知识和信息的海洋中。网络世界如此，现实世界也一样。教育现实形式多样复杂，没有理性的思考，就难以窥见教育实质内容，就会掉入表面的杂多中，掉入庸俗的见解中。

第十一章　修改：增彩添色

一、重 视 修 改

好文章都是改出来的。好文章常常离不开反复打磨、修改。文章修改主要着眼点是完善和提升质量。这是很重要的一步，也是个别作者没有加以重视的一步。

很多文学巨匠很重视修改工作，他们的很多名言，深刻地表达了文章修改的作用。鲁迅在《二心集·答北斗杂志社问》中说："写完后至少看两遍，竭力将可有可无的字、句、段删去，毫不可惜。"托尔斯泰说："不要讨厌修改，而要把同一篇东西改写十遍、二十遍。"①

好的语言与文章质量之间有没有关系？是什么关系？迄今好像没有看到明确的结论。实际上，语言好的文章，质量大都也好；反过来，质量不好的文章，大概率语言表达也不好。

---

① 巴城.名人语录·外国卷［M］.呼和浩特：内蒙古人民出版社，1999:200.

可以说语言表达是文章质量的基础条件，是学术研究的基本功。基本功扎实了，对于高质量的科研写作会更有保障。

怎么提高语言表达能力？从事一段时间编辑无疑是一种好办法，换位思考，训练从编辑的角度来看文章，也会使自己的语言表达能力有所提升。而到从事文字工作，写写通知、宣传报道、起草文稿等，直接锻炼自己的写作能力，也是一条提高语言表达能力的有效路径。多写，在一定程度上可以达到锻炼文笔的效果，但是如果没有人修改或提出建议，人们就往往看不到自己的不足，只能困在自己的惯性里循环。

但文字能力可以提高，可以通过验证语句是否达到了真实、准确、流畅、简洁来进行验证。"真实"就是说真话，不敷衍，说不痛不痒的正确的废话。陶行知选择旧稿时曾说："所留的都是我所体验出来的。所以我所写的便是我所信的，也就是我所行的。"言行不一，"便与废纸何异"[①]？"准确"就是表达想要表达的观点和看法，不会引起歧义和误解。"通顺"就是没有明显语病，语法和逻辑通畅。"简洁"就是表达观点直接，冗余段、句、词少。如果表达能够有点美感，那就更好了，但是它的程度是无限的，难有定论。

文章修改的困难在于：作者很难发现自身的问题。在他们眼里，似乎所有内容和表述都是完美的、正确的、必要的，材料之间的联系是直接的、紧密的。所以，编辑让作者修改文

---

① 陶行知.中国教育改造［M］.上海：东方出版社，1996:3.

章，如果不明确指出问题，常会让作者一头雾水，不知道修改什么。作者的眼里有时看不到错误或不当的地方。

优化逻辑和结构等的有效办法是，让作者抛开案头文字，自己把论文内容报告给自己听。这样，可能存在的表述不清、逻辑混乱等毛病大多会自动显现出来。因为人类言语时，思维是直接的；而默读或写作会在起点和目标之间人为建立冗余的联系，不符合思维经济的原则，人们也很难发现自己文字表达逻辑和结构的问题。具体文字表述的修改类型很多，主要有以下几点。

（1）语言表达不要有绝对的判断、结论、看法等。对自己没十分把握的观点和看法，可以加上“也许”“可能”“大概”等词，给自己留点余地，也让读者容易接受。

（2）语气语调平实，不要偏激。特别是评论性文章，破口大骂、语气刻薄等语词，不仅不利于探讨新知，还可能引发别人不满，招惹是非。

（3）句子通顺。学术表达不同于文艺写作。文艺创作讲究结合语境，常出现各种特殊的语法结构，如省略句、倒装句。学术写作一般主谓宾要清晰，句子成分清楚，确保句子通顺。

（4）用词明确，不会引发歧义。

二、修改技巧

文章修改主要体现在斟酌以下三个方面：标题、句子、语法和逻辑。

（一）标题修改

1. 文章主标题的修改

先举五篇稿件的标题作为例子。

（1）《人工智能赋能课堂变革的核心价值：智慧生成与模式创新》；

（2）《教育信息化2.0时代的数据治理——江西省的实践探索》；

（3）《我国教育领域中人工智能问题的研究纲领》；

（4）《人工智能时代人的全面发展：可以可能和可以可为？》；

（5）《整合各类资源发展老年教育》。

第一篇刊发于《开放教育研究》2022年第3期。这个标题有语病。“核心价值”与“智慧生成与模式创新”，两者不存在限制关系，不符合冒号表示限制作用的要求，因此应改成《人工智能赋能课堂变革：智慧生成与模式创新》。可惜的是这个语病是期刊出版后才发现的。

第二篇题目的不足是新闻报道意味强，强调介绍数据治理实践探索，难以反映学术研究的需求。因此，文章标题后来被改成了《教育数据治理：问题、思考与对策》。修改后的题目尽管还不够完美，但比原来有改进：保留了实践性，不局限于某一地，文章内容明确为“问题与对策”。

第三篇的问题是介词多。删掉介词后，文章标题被改为《我国教育领域人工智能研究纲领》。

第四篇稿件是个博士生写的，内容不算出彩，但是题目不错。它把技术与人的发展结合起来，这是以前很少有的。我曾多次向有关人员表达过意愿，都没有成功。2022年《开放教育研究》第3期采稿时看到这个标题和稿件内容，一下就被触动了。尽管有同事认为稿件选题新意略有欠缺，但还是坚持采用了。但因后期的修改不够，没能补充足够的新内容和新材料或表述。这种反问式的标题，尖锐泼辣、观点鲜明。

第五篇稿件的标题显然是新闻报道式的，不是一篇正规的学术论文形式。学术论文的标题一般强调平实、客观。这就要求标题不要带有作者的主观色彩，不要带有情绪、态度倾向，按研究对象本身客观呈现。《整合各类资源发展老年教育》，明显带有作者强烈的态度和主张，那就是要整合资源来发展老年教育。它和下面的新闻标题的表述方式是一样的。

①《努力探索形成新发展格局的有效路径》(《人民日报》，2020-08-25)；

②《推动次区域合作拓展深化打造水资源合作新亮点》(《人民日报》，2020-08-25)。

2. 文章小标题的修改

小标题也需要斟酌修改，使之达到以下三点：一是小标题与大标题的逻辑吻合，二是小标题与支撑内容吻合，三是小标题表达观点能给人耳目一新的感觉。

从上面的例子中可以看出，标题有两个倾向：一是新闻式，这类比较多。大概受报纸标题的影响，新闻标题的痕迹很重。二是实践经验式，这也是新手常常使用的形式，这类标题仅仅显示一些操作，而不是真正的学术论文的标题。当然，选择不同的标题倾向也与研究问题的学术性有关。

总之，文章的标题是题眼，直接反映文章的内容。文献检索或选择时，也常常依赖文章的标题。所以，提炼文章标题是很重要的工作。

（二）句子修改

句子表达的修改是要使句子满足三个方面的要求：一是主谓宾完整；二是简洁；三是语气生动。

口语语气与口语表达是两种不同的概念。口语语气，是说用口语的方式表达，简单、明了；口语表达，是说用口语风格表达，这样就会出现很多词语的冗余、不严谨等。书面表达可以适当采用口语语气，但不应该照搬口语表达。

学术写作中出现的语句问题突出表现在搭配不当、语义冗余、语句不通等方面。

1. 冗余与重复表达

在文字表达问题中，这类最为普遍。很多都是口语带进来的，书面表达时大都可以删除，以使文章的表达更简洁而不伤害词意。下面这些被删去的词就是冗余词。

原文：教师与学生的关系是最重要的关系。

修改：教师与学生的关系是最重要的。

说明：原文缩写就变成为：关系是关系，重复表达。

原文：研究者可基于建立的模型处理和分析数据，从而挖掘数据背后的教育规律。

修改：研究者可基于模型处理和分析数据，挖掘数据背后的教育规律。

说明：使用“模型”已经包含“建立”的意思。

原文：判断学习设计是否达到了预定目标。

修改：判断学习设计是否达到预定目标。

说明：“达到”已含有“完成”的意思。

原文：研究者与教师建立紧密的合作关系是有效联结学习设计与学习分析的前提。

修改：研究者与教师建立紧密的合作是有效联结学习设计与学习分析的前提。

说明：“合作”本身就是“关系”，不用再强调。

原文：完成了学习任务。

修改：完成学习任务。

说明：“完成”已含有“结束”的意思，可删去“了”字。

原文：他们设计出的学习设计方案能被教师理解。

修改：他们的学习设计方案能被教师理解。

说明："学习设计方案"，已包含"设计出来"了。

原文：教师只需要按照设计好的学习设计方案组织教学就可以。

修改：教师只需要按照学习设计方案组织教学就可以。

说明："学习设计方案"，已经包含"设计好"的意思。

原文：未来社会需要具备21世纪能力的人才，批判性思维能力是其中一种重要的核心能力。

修改：未来社会需要具备21世纪能力的人才，批判性思维能力是其中一种核心能力。

说明："核心"已说明重要，"重要"可以删除。

原文：学习评价设计是检测学习者学习效果。

修改：学习评价设计是检测学习效果。

说明："学习效果"自然来自"学习者"，因此"学习者"可以删除。

原文：教师本人等突破原有的工作方法。

修改：教师等突破原有的方法。

说明："教师"就是指"本人"，无须再强调。

原文：基于国家层面教育信息化发展的战略规划与布局。

修改：基于国家教育信息化发展的战略规划与布局。

说明："国家"已包含层级的含义，"层面"系多余，可删除。

原文：教师需根据自身的专业发展诉求。

修改：教师需根据专业发展诉求。

说明：教师诉求，就是他们自身的诉求，不用特别强调"自身的"。

原文：教师本人等突破原有的工作方式、思维惯式。

修改：教师等突破原有的工作方式、思维惯式。

说明："教师"就是指"本人"，无需再强调。

原文：将测试集数据导入到最优模型。

修改：将测试集数据导入最优模型。

说明："导入"已包含"完成"的含义，"到"字可删除。

原文：召回率的比例值越大。

修改：召回率的比值越大。

说明："比例值"就是"比值"的含义，"例"字可删除。

原文：本实验在表二中的数据集上进行，训练时长共计6小时。

修改：本实验在表二的数据集上进行，训练时长共6小时。

说明："中""计"系多余，可删除。

原文：教师体态语言数据集被输入到金字塔残差神经网络中，经过60轮的迭代训练。

修改：教师体态语言数据集被输入金字塔残差神经网络，经过60轮迭代训练。

说明："到""中""的"系多余。

原文：三个评价指标的数值特征如下。

修改：三个评价指标值特征如下。

说明："指标值"已经包含"指标数值"的含义。

原文：八个指标分布不均匀。

修改：八个指标分布不均。

说明："不均"，即"不均匀"，无须重复"匀"字。

原文：人有四种不同的脑电波。

修改：人有四种脑电波。

说明：能区分种类，就说明有不同，不需再强调。

原文：研究者招募了来自北京某小学5～6年级、年龄在10～13岁之间的31名学生。

修改：研究者招募了来自北京某小学5～6年级、10～13岁的31名学生。

说明："岁"已表示年龄，无须再强调年龄。

原文：共8道题。

修改：共8题。

说明：这里可以省略量词"道"。

原文：实时监测学生开展科学探究时的注意力水平值。

修改：实时监测学生开展科学探究的注意力水平值。

说明："时"系多余。

2. 将"对"字句改为动宾结构

"对"字句，实际上是把宾语提前了，修改时可以改为动宾结构，把宾语移到动词后面，简化表达。

原文：著名研究者皮埃尔·迪伦伯格教授对"精心编制"理论与实践进行了深度探讨。

修改：著名研究者皮埃尔·迪伦伯格教授深度探讨了"精心编制"理论与实践。

原文：对学生数据进行分析。

修改：分析学生数据。

原文：对数据分析结果进行解读。

修改：解读数据分析结果。

原文：各地政府对教育资源、教育环境、教育管理和教学方式高度重视。

修改：各地政府重视教育资源、教育环境、教育管理和教学方式。

3.“的”字句

由口语表达习惯形成的“的”字结构，删除后，修饰限制作用仍然清楚，不会产生歧义。

原文：提高教师的信息技术应用能力。

修改：提高教师信息技术应用能力。

原文：输出教师体态的特征图。

修改：输出教师体态特征图。

原文：其内部存在一条教学或学习的主线。

修改：其内部存在一条教学或学习主线。

原文：两组心流体验得分的对比。

修改：两组心流体验得分对比。

4. 动宾结构

对于名动兼类词用为动词，相应的语法结构变为动宾式，可使表达更简洁。

原文："序列化设计"研究在语文教学、德育、心理健康领域开展了较多实践。

修改："序列化设计"研究在语文教学、德育、心理健康领域实践较多。

原文：本研究采用元分析方法对19项随机对照试验进行了系统评价。

修改：本研究采用元分析方法系统评价19项随机对照试验。

原文：系统变革工具的忽视会致使多方部门缺乏切实有效的合作，协同建设效益减弱。

修改：忽视系统变革工具会致使多方部门缺乏切实有效的合作，削弱协同建设效益。

原文：各地政府应加大激励性工具的使用。

修改：各地政府应加大使用激励性工具。

5. "对于……""通过……""在……方面"结构

这些介词结构往往已经涵盖了主语，易造成主语缺失的语法错误。修改时，把它们删除，再把主语突出出来即可。

原文：对于知行创融合目标的探究，应结合具体空间侧重分析。

修改：探究知行创融合目标，应结合具体空间分析。

原文：在空间建设研究方面，其视角从创客空间的建设逐渐转向创客空间运营模式。

修改：空间建设研究着重从创客空间的建设逐渐转向创客空间运营模式。

原文：通过验证集数据对模型进行初步评估。

修改：利用验证集数据评估模型。

6.“在……中”“在……时”结构

不少这类介词结构表述是冗余的，把它们删除，句子意义一般不会改变。而保留它们，反而使表达显得啰嗦，不够精练。特别是在把它作为标题时，这类介词结构还是删除为宜。

原文：我们期望探究协作学习以及教师在教学中利用技术组织协作学习的实践过程。

修改：我们期望探究协作学习以及教师教学利用技术组织协作学习的实践过程。

原文：学习者在学习活动中产生的数据。

修改：学习者学习产生的数据。

原文：教师在在线教学中容易产生复制传统教学模式的行为倾向。

修改：教师在线教学容易产生复制传统教学模式的行为倾向。

原文：点击在菜单栏中的“生成测评报告”选项。

修改：点击菜单栏的“生成测评报告”选项。

原文：特别是在教育元宇宙的支持下，可以模拟构建多样化的教师研训场景。

修改：特别是教育元宇宙，可以模拟构建多样化的教师研训场景。

原文：测评分析报告中的雷达图显示。

修改：测评分析报告雷达图显示。

原文：但在本研究中没有发现具有互动功能的虚拟现实教学。

修改：但本研究没有发现具有互动功能的虚拟现实教学。

原文：知识学习课程中采用虚拟现实教学同样可以培养

学生共情。

修改：知识学习课程采用虚拟现实教学同样可以培养学生共情。

7.“进行”句

“进行”一词，已被用于表述相当广泛的动作。常见的有：进行写作、进行研究、进行谈话、进行指导、进行修改、进行分析、进行实验、进行评比、进行比较、进行思考、进行回顾、进行干预等。这其实是一种滥用，应该避免。实际写作中，研究者如果能结合不同语境和动作，选用合适的动词或用其他方式加以处理，可能会使表述更加规范。

原文：研究者可基于建立的模型对其进行处理和分析。

修改：研究者可基于建立的模型处理和分析数据。

原文：教师需要进行不同的学习设计。

修改：教师需要开展不同的学习设计。

原文：故本研究选用随机效应模型进行分析。

修改：故本研究选用随机效应模型分析。

8.“来”字句

这类表述大都是源于口语，是冗余的。把它删除，句子意义一般不会改变。

原文：对这一过程的探究还可以回答用何种技术来支持教师教学才能引发有效协作学习这一问题。

修改：探究这一过程还可以回答用何种技术支持教师教学才能引发有效协作学习这一问题。

原文：从这一角度来看。

修改：从这一角度看。

9.“了”“着”等结构

有些词本身带有完成时态，后面不用再加“了”字也能表达完成时态。常见的这类词有：完成、融入、忽视、造成、渗透，等等。“着”字同样如此，不加也能表达进行时态。

原文：忽视了学生学习与发展的连贯性和互通性。

修改：忽视学生学习与发展的连贯性和互通性。

原文：将创客学习融入到具体的问题情境中。

修改：将创客学习融入具体的问题情境。

原文：这条主线总指向着教学或学习目标。

修改：这条主线总指向教学或学习目标。

原文：对其判断造成了干扰。

修改：对其判断造成干扰。

或改为：干扰其判断。

10.“与”“和”“及”用法

“与”“和”“及”三者本来有别。“与”“和”表并列关系，“及”表主次关系，主要成分放在“及”的前面。但“及”似乎有替代“和”字的趋势，表达平列关系时使用很多。

原文：合并效应量点估计值及可信区间趋于稳定。

修改：合并效应量点估计值和可信区间趋于稳定。

原文：心流还与注意力水平、自我效能、学习动机以及学习投入等相关。

修改：心流还与注意力水平、自我效能、学习动机和学习投入等相关。

原文：各地政府较重视教育资源、教育环境等的建设及应用。

修改：各地政府较重视教育资源、教育环境等的建设和应用。

11.“是……的”结构

它常被看作是一个固定搭配，多数时候被一起使用。

原文：教师与学生的关系是最重要的关系。

修改1：教师与学生的关系最重要。

修改2：教师与学生的关系是最重要的。

12. 调换重点

语序不同，表达的含义会有些细微差别。把需要突出的内容提前，可以起到强调的作用。

原文：单位发了第二次年终奖（强调单位）。

修改：单位第二次年终奖发下来了（强调“第二次”）。

13.“相关的”冗余

怎么相关？相关程度有多大？并不清楚，所以有时用“相关”一词是很模糊的说法。

原文：相关的数字化学习资源应使用当地语言。

修改：数字化学习资源应使用当地语言。

14. 程度表达冗余

表现在所表达的程度不清楚，比如“不断、更加、充分、更、很”等有时都是很模糊的概念，怎么才算适当？怎么才算充分？……含义过于笼统，可以删除而不影响句义的表达。

原文：建立和不断更新信息技术。

修改：建立和更新信息技术。

原文：提供了更加便捷的途径。

修改：提供了便捷的途径。

原文：充分借助教师专业发展的新空间。

修改：借助教师专业发展的新空间。

原文：满足学生更加多样、更加个性化的学习需求。

修改：满足学生多样、个性化的学习需求。

原文：各地政府应适当增加系统变革工具。

修改：各地政府增加使用系统变革工具。

原文：说明技术的不断更新。

修改：说明技术的更新。

原文：起到了一定的监督作用。

修改：起到了监督作用。

15. 重复表达

前文已经逐个列出了项目，后文不必再把数量强调一遍。

原文：主要聚焦于学习活动的流程设计和学习活动模式设计两方面。

修改：主要聚焦于学习活动的流程设计和学习活动模式设计。

原文：本研究基于上述X—Y二维分析框架。

修改：本研究基于上述X—Y分析框架。

16.“此外”“同时”冗余

这在新手作者里比较常见。他们处理多个观点或内容时，没有厘清相互关系，在叙述完一个观点后，后面的观点就一再地用“此外”“同时”等引出来，读来让人厌烦。这类冗余修改起来比较麻烦，需根据具体语境而定。有的需要作者重新梳理各层意思之间的关系重新表述，有的比较简单，把这些冗余词删除即可。

原文：同时，新兴技术的应用也为教师专业发展开辟了新的途径。

修改：新兴技术的应用也为教师专业发展开辟了新的途径。

17. 套话虚话

这种表述主要表现为没有实质内涵，或者没有新的意义。它所表达的意思，都是别人熟知的，把它删除也无妨。

原文：此类政策要素指标在推动教育高质量发展中所起的作用不容忽视。

修改：此类政策要素指标的作用不容忽视。

18.“……情况”冗余

“情况”一词，语义含糊。它大都由口语带入，实际是指一种现象、态势等。对它的修改需结合具体情境而定。部分情况下把它删除即可。

原文：各地政府要根据当地教育发展实际情况

修改：各地政府要根据当地教育发展实际

19. 程度副词靠前造成冗余

这种表述多由口语带入，修改时，把它们的位置稍加调整即可。

原文：学习者对使用Muse和平板进行AR探究的方式有较高的认可度。

修改：学习者对使用Muse和平板进行AR探究的认可度较高。

原文：知识学习类和公益体验类项目对引发学生共情均有较好效果。

修改：知识学习类和公益体验类项目引发学生共情效果较好。

原文：虚拟现实教学与传统教学相比存在较大形式差异。

修改：虚拟现实教学与传统教学相比差异较大。

20.“进一步”冗余

“进一步”常常是一种冗余表达，因为类似“有待”等词，已包含“进一步”的含义，写出来反而显得啰嗦。

原文：注意力反馈方式还有待进一步优化。

修改：注意力反馈方式还有待优化。

21. 连词冗余

有些句子发生的过程，因果关系已经隐含在叙述过程中，或者其中的动词本身已经表明事情发生发展进程的先后和因果，无需另加连词。如果加上“因为……所以”等连词，一是显得累赘，二是读来生硬，不畅。

原文：然而由于不同教学形式各具优缺点，实际教育场景的教学形式选择可以各取所长，混合使用。

修改：然而，不同教学形式各具优缺点，实际教育场景的教学形式选择可以各取所长，混合使用。

原文：由于虚拟现实教学与传统教学相比存在较大形式差异，实现对被试的盲法存在客观困难，所以最终偏倚风险评估中被试盲法维度未包含在内。

修改：虚拟现实教学与传统教学相比差异较大，实现被试盲法存在客观困难，最终偏倚风险评估中被试盲法维度未包含在内。

参 考 文 献

[1] 阿兰·德波顿.哲学的慰藉［M］.资中筠，译.上海：上海译文出版社，2020.

[2] 阿尔伯特·爱因斯坦.相对论［M］.周学政，王文珺，译.北京：北京出版社，2012.

[3] 奥萨·维克福什.另类事实：知识及其敌人［M］.汪思涵，译.北京：中信出版社，2021.

[4] 阿尔伯特·爱因斯坦.我的思想与观念：爱因斯坦自选集［M］.张卜天，译.天津：天津人民出版社，2020.

[5] 波普尔.波普尔说真理与谬误［M］.倪山川，编译.武汉：华中科技大学出版社，2018.

[6] 恩斯特·卡西尔.人论［M］.甘阳，译.上海：上海译文出版社，2013.

[7] 怀特海.教育的目的［M］.庄莲平，王立中，译.上海：文汇出版社，2012.

[8] 金岳霖.知识论［M］.北京：中国人民大学出版社，

2010.
[9] 克里希那穆提.狡猾的思想［M］.张春城，译.北京：北京时代华文书局，2022.
[10] 卡尔·波普尔.通过知识获得解放［M］.范景中，陆丰川，李本正，译.北京：中国美术学院出版社，2014.
[11] 房敏，孙颖，陈伟，等.师范生计算思维发展现状与影响因素——基于津冀鲁三地高校的调查［J］.开放教育研究，2021（4）：98-110.
[12] 风笑天.社会研究方法［M］.北京：中国人民大学出版社，2021.
[13] 韩震.知识形态演进的历史逻辑［J］，中国社会科学，2021（6）：76-78.
[14] 罗伯特·所罗门，凯思林·希金斯.大问题——简明哲学导论［M］.张卜天，译，北京：清华大学出版社，2018.
[15] 李莹莹，张宏梅，张海洲.疫情期间大学生网络学习满意度模型建构与实证检验——基于上海市15所高校的调查［J］.开放教育研究，2020（4）：104-105.
[16] 李慎之.中国传统文化中有技术而无科学［J］.学会月刊，1998（7）：151-153.
[17] 李泽厚.批判哲学的批判：康德述评［M］.北京：生活·读书·新知三联书店，2007.
[18] 刘良华.学术研究与零修辞写作［J］.中国民族教育，2017（5）：14.

[19] 廖广知.教育投资理论文献综述[J].教育教学论坛，2016（15）：217-218.
[20] 林聚任.社会科学研究方法[M].济南：山东人民出版社，2017.
[21] 卢乃桂，张佳伟.院校协作下学校改进原因与功能探析[J].中国教育学刊，2009（1）：34-37.
[22] 卢乃桂，李琳琳，黎万红.高校教师聘任制改革背景下学术工作的分层与分割[J].高等教育研究，2011（7）：56-62.
[23] 兰国帅.探究社区理论模型：在线学习与混合学习研究范式[J].开放教育研究，2018，（1）：29-40.
[24] 毛泽东.毛泽东选集·第一卷[M].北京：人民出版社，1991.
[25] 米加宁，章昌平，李大宇，等.第四研究范式：大数据驱动的社会科学研究转型[J].学海，2018（2）：11-27.
[26] 培根.新工具[M].许宝骙，译.北京：商务印书馆，2016：19.
[27] 潘光旦.宣传不是教育·潘光旦卷（中国近代思想家文库）[M].北京：中国人民大学出版社，2015.
[28] 莎拉·贝克韦尔.存在主义咖啡馆[M].沈敏一，译.北京：北京联合出版公司，2017：112-113.
[29] 托马斯·库恩.科学革命的结构[M].张卜天，译.北京：北京大学出版社，2022.

[30] 陶行知.中国教育改造[M].上海：东方出版社，1996.
[31] 陶丹，张建伟.创造性知识建构：课堂组织与技术支持[J].开放教育研究，2022，(3)：4-17.
[32] 王力.王力论学新著[M].南宁：广西人民出版社，1983.
[33] 王力，朱光潜.怎样写论文——十二位名教授学术写作纵横谈[M].沈阳：辽宁教育出版社，2006.
[34] 徐峰，吴旻瑜，徐萱，等.教育数据治理：问题、思考与对策[J].开放教育研究，2018(2)：107.
[35] 徐辉富.教育现象学及其研究步骤[J].开放教育研究，2008(2)：32-39.
[36] 伊曼努尔·康德.未来形而上学导论[M].李秋零，译注.中国人民大学出版社，2013.
[37] 亚瑟·叔本华.孤独读书术[M].刘大悲，陈晓楠，译.北京：台海出版社，2017.
[38] 约翰·丹尼尔，徐晶晶.成本、质量和机会的新关系[J].上海教育.2003(23)：54-55.
[39] 雅各布·布鲁诺夫斯基.知识与想象之起源[M].魏飞，译.上海：上海文艺出版社，2020.
[40] 张静.社会学论文写作指南[M].上海：上海人民出版社.2018.
[41] 赵汀阳.论可能生活[M].北京：读书·生活·新知三联书店，2010.

［42］赵汀阳.观念图志［M］.厦门：厦门大学出版社，2020.
［43］中国社会科学院语言研究所词典编辑室.现代汉语词典［M］.7版.北京：商务印书馆，2016.
［44］周建华，陈凤菊，李政.我国高校在线教学成效如何？——基于对21万本科生的调查［J］.开放教育研究，2022（4）：76.